주식과 부동산, 파티는 끝났다

유동성과 환율로 분석하고 전망한

주식과 부동산, 파티는 끝났다

송기균 지음

21세기북스
www.book21.com

《유동성 파티》 발간 이후를 돌아보면

《유동성 파티》를 통해 2009년 주식과 부동산시장이 급등한 근본 원인을 밝힌 지도 11개월이 지났다.

그 책을 읽은 독자 몇 명이 이런 말을 했다.

"주식과 부동산시장의 현황분석과 전망에 대해 전적으로 공감한다. 하지만 자산운용을 위한 대안을 제시해주었으면 더 좋았을 것이다."

《유동성 파티》는 아주 명쾌한 대안을 제시하고 있다. 다만 여느 재테크 책들이 "폭락한다"라거나 "대폭등의 시대가 도래한다"는 등의 과격한 말을 서슴지 않는 것과 달리 이 책이 제시하는 대안은 이랬다.

"합리적인 투자자라면 지금 가격에 주식과 부동산을 팔고 은행에 정기예금을 하는 것이 바람직하다. 설사 가격이 더 올라 차익의 기회를 놓치더라도 가격급락의 위험을 피하는 것이 더 중요한 투자전략이다."

만약 11개월 전인 2009년 10월에 《유동성 파티》가 제시한 투자전략에 따라 부동산과 주식을 매도했다면 2010년 9월 현재 결과는 어떨까?

아파트시세는 하락하였다. 한술 더 떠서 매수자마저 자취를 감추고 말았다. 돈이 꼭 필요한 사람이라면 부동산중개소가 '시세'라고 하는 가격에서 10% 이상 낮춰야 매수자를 찾을 수 있다. 돌이켜보면 그 '시세'에 아파트를 팔 수 있었던 기회는 《유동성 파티》가 발간된 직후인 2009년 4분기가 마지막이었던 것 같다.

주식은 어떤가? 《유동성 파티》가 발간된 2009년 10월 코스피지수는 1650 부근이었는데 2010년 9월 10일에는 1802로 올랐다. 9.2% 상승했다. 부동산은 상승대열에서 탈락하고 주식만 '나홀로 파티'를 즐기는 양상이다.

만약 이 돈을 은행예금으로 보유했다면 5%의 이자수익이 발생했을 것이다. 시장상황에 일희일비하지 않고 자신의 본업에 충실할 수 있는 보너스가 추가되었음은 물론이다.

그러면 지금의 주식과 부동산시장 상황에서는 자산운용을 어떻게 해야 하는가? 이는 누구에게나 절실한 물음이다. 이 책은 프롤로그부터 에필로그까지 이 질문에 대한 대답을 들려준다.

가장 중요하게 고려할 요소는 여전히 유동성이다. 최근의 부동산 하락이 대세하락의 시작인지 아니면 장기상승 후의 조정국면인지, 지금의 주식 상승이 얼마나 더 갈지도 유동성이 좌우할 것이기 때문이다.

주식만 홀로 상승하는 현상은 어떻게 해석해야 할지, 또 그 근본 원인이 무엇인지를 밝히는 것도 중요하다. 주식시장의 큰 호재인 고환율이 얼마나 지속될지를 알고 나면 주식의 '나홀로 파티'에 어떻게 대응해야 할지 판단이 설 것이다.

이 책의 4장에서는 파티가 끝난 뒤를 대비해 지금 취할 행동이 무엇인지 분명하게 제시하고 있다. 정부에 대한 허망한 믿음, 인플레이션에 대한 잘못된 기대, 강남 아파트는 다르다는 미신을 명쾌하게 파헤치고, 은행주식을 왜 서둘러 팔아야 하는지를 밝힌다.

앞의 책들보다 더 간결하고, 더 쉽고, 더 재미있게 읽히길 바라는 마음으로 이 책을 썼다. 그래서 지금부터 몇 시간 후에 '에필로그'를 읽으며 뿌듯한, 혹은 긴장된 표정을 짓는 당신의 모습을 떠올려 본다. 부디 성공적인 자산운용으로 당신의 삶이 더 풍요롭고 행복해지길 빈다.

2010년 10월

송기균

| CONTENTS |

2장 파티가 끝나는 징후들

4장 파티가 끝난 뒤 대비하기

워렌 버핏, 한국 주식 다 팔았다

"한국 주식, 한 개 빼고 다 팔았다."

2010년 4월 2일 "한국 증시에 대해 어떻게 생각하느냐"는 한국 기자의 질문에 워렌 버핏이 대답한 말이다.

워렌 버핏이 누군가? 대학생 때 주식투자를 시작하여 60년 만에 50조 원이라는 상상을 초월하는 수익을 낸 사람이다. 상속받은 재산 없이 오로지 주식투자만으로 세계 두 번째 부자가 되었으니 주식투자의 귀재라 불리는 데 손색이 없다.

그런 워렌 버핏이 한국 주식을 다 매도했다고 했으니, 이 말을 전해 들은 한국의 주식투자자들이 아연 긴장할 수밖에 없었다. 주식을 매도한 이유가 무엇이었는지에 대해서도 국내 주식투자자들의 온 신경이 집중되었음은 두말할 나위가 없다.

워렌 버핏은 대표적인 가치투자가(value investor)다. 가치투자가란 주가가 적정 가치보다 낮을 때 매수했다가 주가가 적정 가치보다 크게 오르면 매도하는 투자가를 말한다.

워렌 버핏은 가치투자가로서의 투자원칙을 기회가 있을 때마다 밝혀왔다. 2009년 2월 29일, 그가 최대주주이면서 직접 투자운용까지 하고 있는 투자회사인 버크셔 해서웨이(Berkshire Hathaway)의 주주총회에서 또 한 번 자신의 투자원칙을 밝혔다. 아주 쉽고도 평범한 말이었다.

"나의 스승인 벤 그레이엄은 나에게 이렇게 가르쳤다. '**가격**이란 당신이 지불하는 금액이고, **가치**란 그것을 통해 얻는 그 무엇이다(**Price** is what you pay, **value** is what you get)' 라고."

이 말의 뜻을 이해 못 할 사람은 없을 것이다. 그러나 이 평범한 말에 담긴 심오한 뜻을 제대로 받아들이기 위해서는 잠시 그 말뜻을 곱씹으며 생각에 잠길 필요가 있다.

그가 이어서 한 말을 들어보면 이해가 더 쉽다.

"주식(stocks)이 되었건 아니면 양말(socks)이 되었건 나는 **가격**이 **가치**보다 훨씬 낮을 때 매수를 한다."

예를 들면 이런 이야기다. 누구나 양말 같은 하찮은 물건을 살 때라도 그 양말이 가격만큼의 값어치가 있는지를 마음속으로 저울질하게 된다. 그 양말의 가치보다 가격이 비싸다고 생각되면 다른 상점으로 발길을 돌린다. 물론 양말의 가치에 대한 판단은 사람마다 다를 수 있다.

주식투자도 똑같다. 투자에 나서기 전에 반드시 주식의 가치(value)

와 주가(price)를 비교해보아야 한다. 그리고 가치보다 주가가 싸다는 확실한 판단이 서면 그때 주식투자를 실행해야 한다. 반대로 주가가 많이 올라 가치를 크게 웃돌면 망설이지 말고 팔아야 한다. 이 단순한 투자원칙이 워렌 버핏을 세계 두 번째 부자로 만들어준 주식투자의 비법이다.

워렌 버핏은 분명히 이 투자원칙을 한국 주식투자에도 적용했을 것이다. 그리고 한 개만 빼고 모든 주식을 다 팔았다. 워렌 버핏이 한국 주식의 가치를 정확히 얼마로 산정했는지는 알 길이 없지만 한 가지는 분명하다. 워렌 버핏이 판단하기에 대다수 한국 주식의 가격이 가치를 크게 웃돌고 있다는 사실이다. 그러기에 한국 주식

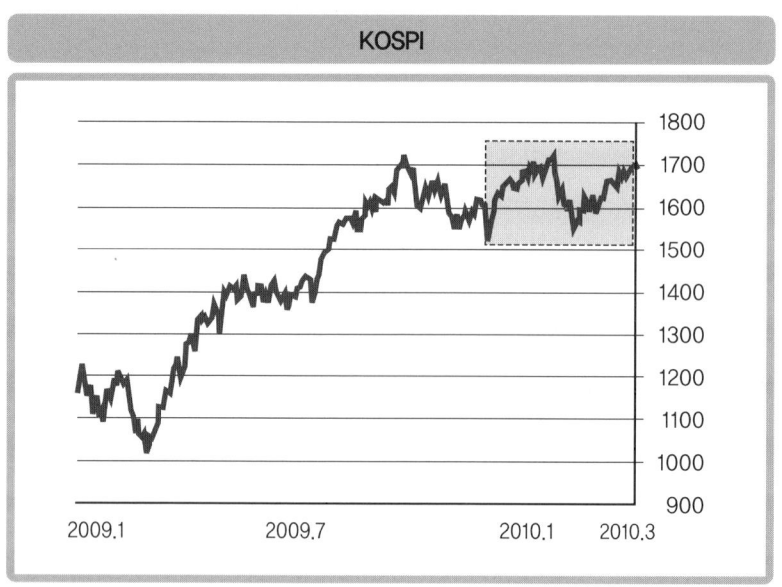

을 한 개만 빼고 다 판 것일 테니까.

주식 가치의 산정이라는 이론적이고 다소 골치 아픈 주제를 잠시 접어두고 가벼운 마음으로 그래프 하나를 감상해보자. 그래프를 보자마자 떠오르는 느낌은 어떤 것인가? 아마도 첫 느낌은 '엄청나게 올랐다' 일 것이다.

이 그래프는 한국을 대표하는 주가지수인 코스피 그래프다. 코스피는 2009년 3월 3일 992에서 2009년 9월 22일 1718까지 수직 상승하였다. 6개월 만에 70%가 상승하는 경이로운 상승률을 기록했다. 주가지수가 70% 상승하였으니 그 기간 동안 서너 배 오른 주식도 많았을 것이다.

그래프의 오른쪽 음영부분이 워렌 버핏이 한국 주식을 매도했으리라고 추측되는 구간이다. 주가가 단기 급등한 이후 상승 에너지가 약해져서 주가가 횡보하는 국면이다. 이 그래프를 보고 워렌 버핏의 한국 주식 매도결정에 고개를 끄덕일 사람도 많을 것이다. 이 정도로 주가가 오르면 누구나 한 번쯤 주식 매도를 심각하게 고려하는 것이 인지상정이기 때문이다. 혹자는 "무릎에 사서 어깨에서 팔아라"라는 증시 격언을 떠올릴지도 모른다.

그러나 워렌 버핏이라면 단지 주가가 많이 올랐다는 이유만으로 주식을 매도하지 않는다. 그 대신 자신의 투자원칙에 따라 주가가 오른 만큼 주식의 가치가 상승했는지를 판단하였을 것이다.

‘주가가 70% 올랐는데 과연 주식의 가치도 그만큼 상승했나?’
에 대해 치밀한 검토와 분석을 한 후 그가 내린 결론이 어떠했는지
는 그가 한국 주식을 거의 다 판 사실을 통해 유추할 수 있다. 그러
므로 워렌 버핏의 한국 주식 매도를 통해 우리가 얻을 수 있는 교훈
은 이렇다.

‘한국 주가가 2009년 급등한 것은 가치상승과 괴리된 것이다.’

주식이나 부동산 등 자산가격(price)이 적정 가치(value)와 괴리되
어 과도하게 상승하는 현상을 부르는 이름이 있다. 바로 버블이다.
자산가격에 버블이 생긴 근본원인은 과다하게 풀린 시중 유동성이
었다고 《유동성 파티》에서 밝혔었다.

유동성의 힘으로 과도하게 오른 자산가격은 언젠가는 제자리로
내려온다는 사실은 과거 버블의 역사가 분명하게 보여준다. 그 시
점이 언제냐가 문제일 뿐이다.

유동성의 힘으로 주식가격이 오르는 버블 장세의 특징 중 하나는
하락국면이 언제 시작될지 누구도 미리 예측할 수 없다는 점이다.
주식가격이 정점을 지난 한참 후에야 “그때 팔았어야 했는데”라며
후회하는 것이 버블 장세의 특징이다.

그런데 본격적인 하락국면이 시작되기 전에 남보다 먼저 주식을
팔고 빠져나오는 사람들이 있다. 금융시장에서는 그들을 가리켜
‘스마트 머니(smart money)’라고 한다. 대다수 투자자들이 대세상승

을 부르짖고, 언론도 지금이야말로 주식을 장기투자할 때라고 손짓을 해대는데, 냉정하게 주식을 팔고 초연히 주식시장을 떠나는 것은 아무나 할 수 있는 일이 아니다. 정말 현명한 사람만이 할 수 있는 일이기에 그런 이름이 붙었을 것이다.

'역사상 가장 위대한 주식투자가'라고 불리는 워렌 버핏이야말로 스마트 머니 중에서도 가장 현명한 투자가라는 데 이의를 제기할 사람은 없을 것이다. 그런 그가 한국 주식을 다 매도했다는 사실은 우리에게 이런 메시지를 보내고 있는 것은 아닐까?

'주식시장의 버블 붕괴가 눈앞에 다가왔고, 한국 경제의 유동성 파티가 조만간 끝날 것이다.'

1장

'유동성 파티' 를 즐기다

주식과 부동산,
미국을 37% 초과 상승했다

금융위기가 전 세계를 휩쓸었던 2008년 9월 이후의 금융시장 동향과 경제지표들을 분석하다 보면 흥미로운 사실들과 마주칠 때가 종종 있다. 그중에서도 사람들의 눈을 휘둥그레지게 만드는 사실이 하나 있다.

'한국의 주가가 금융위기 기간 중 세계에서 가장 많이 올랐다. 전 세계 주가를 42%나 초과 상승했다.'

믿지 못하겠다는 사람들이 많을 것이다. 그래서 한눈에 볼 수 있도록 그래프로 나타낸 것이 〈그림 1-1〉이다. 금융위기가 맹위를 떨치기 직전인 2008년 9월 1일부터 2010년 9월 10일까지 주요 국가들의 주가변동을 비교한 것이다.

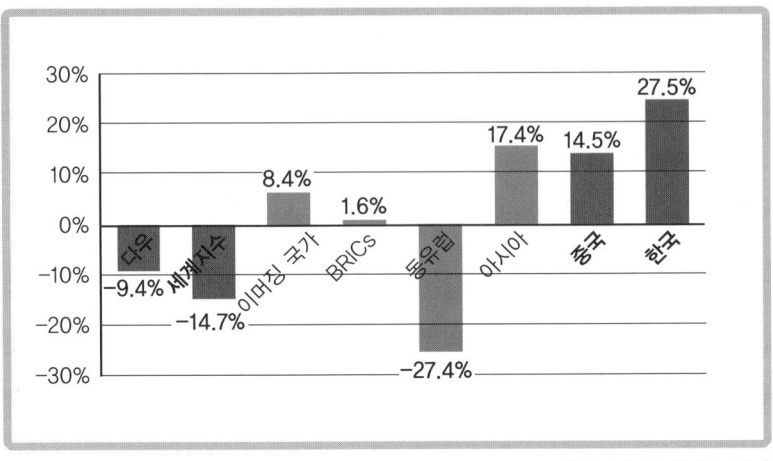

(자료: 한국투자증권 데일리)

전 세계 주가는 평균 14.7%나 하락했는데 한국의 코스피는 27.5%
나 상승했다. 그래프를 두 눈으로 직접 보고도 믿기지 않을 정도로
놀랍다. 그 외에도 이 그래프를 자세히 보면 꽤나 흥미로운 사실들을
여럿 발견할 수 있다.

한국의 주가가 중국보다 더 올랐다는 사실에 벌린 입을 다물지
못하는 사람도 있을 것이다. 금융위기 이후 경제성장률이 가장 높
은 국가는 중국이었다. 2009년 세계 경제의 성장률은 −0.6%였는
데 중국은 무려 9.1%나 성장하였다. '주가는 실물경제의 그림자'
라는 주식시장의 기본상식에 따른다면 중국이 전 세계에서 주가가
가장 많이 올랐어야 한다. 중국의 주가는 금융위기 이후 14.5% 상
승하여 세계 증시를 29% 초과 상승했으나 한국에는 한참 못 미쳤

	한국	중국	미국	세계 평균
2009년 성장률	0.2%	9.1%	-2.4%	-0.6%
2010년 성장률 전망	5.8%	10.5%	3.3%	4.6%

〈표 1-1〉 주요국 경제성장률

(자료: 국제통화기금(IMF)의 〈세계경제전망〉, 2010년 6월)

다. 2009년 경제가 0.2% 성장한 한국의 주가가 경제가 9.1% 성장한 중국의 주가를 13%나 초과 상승한 것이다.

놀랄 만한 사실은 또 있다. 미국의 다우지수가 금융위기 이후 9.4% 하락했다. 일반적으로 상승장에서는 대형주보다 소형주가 더 많이 오르지만 하락장에서는 대형주가 소형주보다 덜 하락한다. 대형주가 소형주보다 안정성은 높고 변동성은 낮기 때문이다. 그러므로 금융위기 상황에서는 초우량주만 모아놓은 다우지수의 하락률이 모든 지수들 중 가장 낮았을 거라 생각한 사람이 많았을 것이다. 그러나 한국의 코스피는 다우지수를 무려 37%나 초과 상승했다.

다른 이머징 국가들과 비교해도 의외의 결과가 나온다. 이머징 국가들 중에서 경제규모도 크고 자원도 많이 보유하고 있는 BRICs(브라질, 러시아, 인도, 중국)의 주가가 1.6% 올랐는데, 코스피는 그와 비교를 거부할 정도로 상승했다.

산이 높으면 골이 깊다는데……

이처럼 한국 주가가 금융위기 이후 세계에서 가장 많이 올랐다는 사실은 경제와 금융의 여러 상식들에 비추어 얼른 이해가 가지 않을 정도로 놀랍다. 그러니 이런 우려 섞인 의문이 떠오르는 것이 당연하다.

'다른 국가들보다 훨씬 더 많이 올랐으니 주가가 하락으로 돌아서면 무섭게 급락하는 것 아닌가?'

투자가들에게 익숙한 증시 격언으로 "산이 높으면 골이 깊다"라는 말이 있다. 주가가 많이 오를수록 하락 가능성과 하락폭이 동시

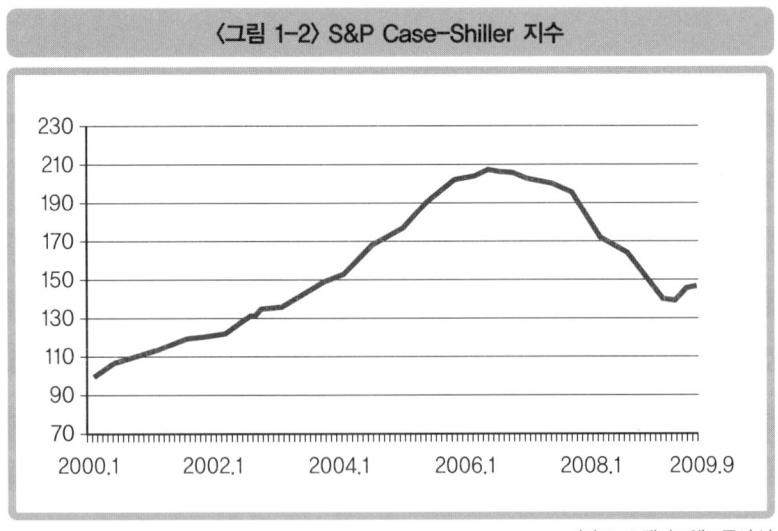

〈그림 1-2〉 S&P Case-Shiller 지수

(자료: 스탠더드앤드푸어스)

에 커진다는 의미의 이 격언은 주식시장에서 예외 없이 들어맞곤 하였기에 우려와 긴장감을 떨쳐버릴 수 없다.

부동산은 어땠을까?

〈그림 1-2〉는 미국의 집값 동향을 보여주고 있다. S&P Case-Shiller 지수란 미국 주요 20개 도시의 집값을 지수로 표시한 것이다.

그 지수가 2006년 8월부터 하락하기 시작했고 2008년과 2009년에는 거의 폭락 수준으로 돌변하였다. 2006년 7월 206이었던

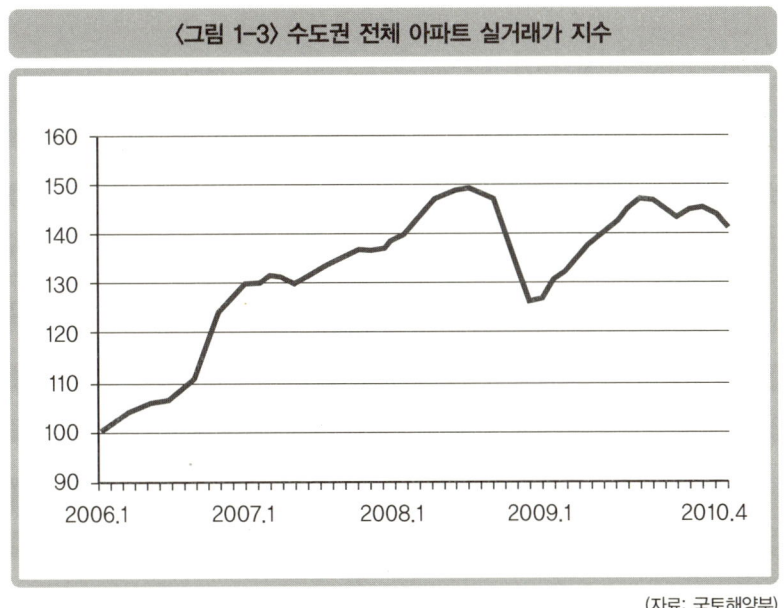

〈그림 1-3〉 수도권 전체 아파트 실거래가 지수

(자료: 국토해양부)

지수가 2009년 9월에는 146까지 떨어졌으니 무려 30%나 하락한 것이다.

같은 기간 한국의 집값은 어땠을까? 미국과 달리 한국은 부동산 가격의 동향을 일목요연하게 보여주는 지표가 없다. 국토해양부가 발표하는 '아파트 실거래가 지수'가 그나마 현실에 가깝다. 그 지수를 보도록 하자.

〈그림 1-3〉을 보면 한국의 아파트값은 미국과 전혀 다른 길을 가고 있음을 알 수 있다. 미국의 집값이 금융위기 기간 중 폭락했는데 한국의 아파트값은 꿋꿋하게 버티고 있다. 미국 대비 초과 상승률을 계산한다면 주식과 비교해서도 뒤지지 않을 것이다. 한편으로는 대견스럽게 생각되지만 어떻게 이럴 수 있는지 놀랍기만 하다.

신문 등을 통해 전해오는 미국의 부동산 폭락 소식과 한국의 현실을 비교할 때마다 사람들은 이런 의문을 가졌을 것이다.

'미국을 비롯한 선진국들의 부동산가격은 폭락을 지속하는데 한국만 급등한 것은 어떤 이유 때문일까?'

주가의 초과 상승을 접하고 떠올랐던 것과 똑같은 의문이다. 역시 이런 우려 섞인 의문도 뒤따를 것이다.

'한국만 부동산이 급등하는 이런 현상이 오래 유지될까? 아니면 단기적인 현상으로 그칠 것인가? 혹시 하락추세로 돌아서게 되면 그동안 올랐던 것까지 한꺼번에 폭락하지는 않을까?'

최악의 금융위기에서 한국만 부동산이 폭등한 이유는?

이 물음에 대해 국내 언론은 부동산 전문가로 불리는 사람들의 입을 빌려 줄기차게 한목소리를 내왔다. "한국은 미국과 다르다." 그러니 미국 등 선진국이 어찌 되든 한국의 부동산은 쭉 올라갈 거라는 주장이었다. 그리고 그 근거로 다양한 설명을 보태곤 하였다. 그중 몇 개만 꼽자면 이런 말들이었다.

"인구의 절반이 수도권에 집중되어 있으므로 수도권 아파트는 계속 오른다."

"주택공급이 부족해서 집값이 폭등한다."

"인구가 줄어도 1인 가구는 증가하므로 집값이 오른다."

이 밖에도 많은 그럴듯한 말들이 한국만 부동산이 오른 특이한 현상을 합리화하기 위해 동원되었다.

언뜻 듣기에 그럴싸하지만 한 번 더 생각해보면 오래전부터 귀에 익은 말들이다. 그들이 오랫동안 쭉 써먹어왔던 '부동산 불패론'을 포장만 바꿔 내놓은 것이기 때문이다.

그러나 사람들이 정말로 알고 싶어 하는 것은 '부동산 불패론'의 또 다른 버전이 아니다. 그것은 '**전 세계가 최악의 금융위기와 경제위기를 겪고 있는데 어떻게 한국만 부동산이 오를 수 있었나?**'이다.

부동산가격이란 경제와 떼려야 뗄 수 없는 경제요소 중 하나다.

경제가 나쁘면 부동산가격은 떨어지는 것이 우리가 알고 있는 상식이다. 미국과 다른 선진국들의 부동산가격이 급락한 것이 이런 상식을 확인시켜주었다. 그런데 어떤 요인으로 한국만 부동산가격이 오를 수 있었을까?

《유동성 파티》가 거기에 대해 속 시원한 대답을 주긴 하지만, 그 책을 미처 읽지 못한 독자들도 많을 것이므로 간략히 정리해보기로 하자. 그래야만 한국 경제와 자산시장의 유동성 파티가 언제 끝날지를 확실히 알 수 있을 테니까.

02

초과 상승의 힘은 유동성

"수급이 재료에 우선한다." 주식투자자들의 귀에 익은 말이다. 주가에 영향을 미치는 요소는 셀 수 없을 정도로 많지만 그중에서도 으뜸은 수급, 즉 수요와 공급이라는 이야기다. 공급은 그대로인데 수요가 증가하면 주가는 오른다. 물론 부동산도 예외는 아니다.

2009년 주식과 부동산이 폭등한 근본원인을 수급에서 찾을 수 있을까? 2009년 주식과 부동산에 관심을 가졌던 사람이라면 수도 없이 들어보았을 이런 말이 그럴 가능성을 강하게 암시한다.

"시중에 돈이 넘쳐나고 있다. 그리고 실물경제가 나쁘기 때문에 돈이 갈 곳이 없다. 그 돈들이 주식과 부동산으로 흘러들어 올 것이므로 주식과 부동산가격은 계속 오를 것이다."

시중에 유동성이 풍부해지자 주식과 부동산의 수요가 증가하여 가격이 폭등했다는 이 말이 근거가 있는지 확인해보자. 그 확인을 위해서는 시중에 넘치는 돈, 즉 유동성이 얼마나 증가했는지를 보여주는 객관적인 지표가 있어야 한다.

한국은행은 매월 통화량을 집계하여 통계를 발표하고 있는데, 이 통화량이 시중 유동성을 나타내는 지표다.

〈그림 1-4〉는 최근 6년간의 총통화(M2) 증가액을 보여준다. 금융

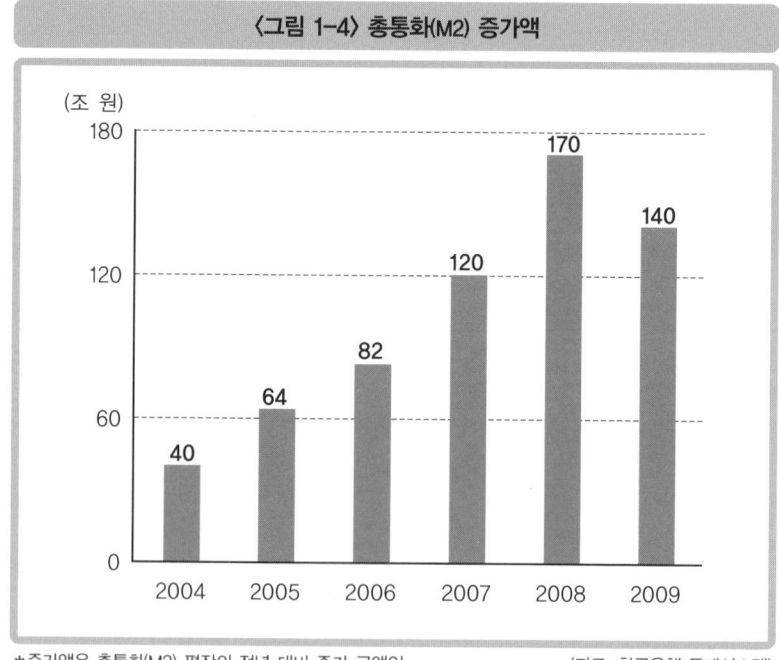

〈그림 1-4〉 총통화(M2) 증가액

*증가액은 총통화(M2) 평잔의 전년 대비 증가 금액임   (자료: 한국은행 통계시스템)

위기가 맹위를 떨치던 2008년 총통화가 170조 원 증가했다. 증가액이 2006년의 두 배가 넘고, 금융위기 직전인 2007년 증가액보다도 50조 원(42%) 많은 엄청난 금액이다. 2009년에도 또 140조 원이 늘었다. 2008년보다는 적지만 2007년보다는 20조 원이나 더 많은 금액이다. 금융위기라는 말이 무색할 정도로 2008년과 2009년 통화량, 즉 시중 유동성이 폭증했다.

2006~2009년의 4년간 증가한 통화량을 합하면 512조 원으로 2008년 말 주식시장 전체 시가총액인 581조 원에 맞먹는 엄청난 금액이다. 2009년 한국의 국내총생산(GDP)이 1063조 원이었으니 GDP의 절반에 해당하는 금액이다.

주식과 부동산투자자들의 입에 회자되었던 말처럼 2008년과 2009년 한국에는 시중 유동성이 넘쳐났고, 그 넘쳐나는 유동성으로 주식과 부동산가격은 힘차게 상승했다.

2006~2009년의 4년간 유동성 512조 원 증가

미국을 비롯한 다른 국가들의 상황은 어땠을까? 그들은 주가와 부동산가격의 폭락을 경험했는데, 폭락의 원인이 유동성 축소였을까? 이것을 확인해보면 한국의 자산가격이 전 세계를 초과 상승한 근본원인이 유동성이었는지를 확인할 수 있을 것이다.

미국 등 다른 국가들의 경우 통화량 통계가 발표되고는 있지만 그것이 시중 유동성을 정확히 보여주지 못한다. 금융시장이 발달하고, 다양한 금융상품과 금융수단이 개발됨에 따라 통화량 수치만으로는 시중 유동성을 제대로 파악할 수 없게 돼버린 것이다.

그러면 미국 등 선진국들의 시중 유동성을 나타내는 다른 지표는 무엇인가? 국제금융시장에 관한 자료나 기사를 읽다 보면 가장 많이 접하는 단어가 '신용(credit)'이다. 신용의 원래 의미는 금융기관이 기업이나 개인들에게 공여하는 대출을 포함한 광의의 여신이다. 그런데 이 신용은 금융기관 대출 외에 시중 유동성의 의미로도 쓰이고 있다. 그것은 대출이 시중 유동성을 결정하는 가장 중요한 요인이기 때문이다.

대출과 시중 유동성이 같은 의미라는 말이 생소한 사람이라면 경제학의 통화창출이론을 생각하면 쉽게 이해할 수 있을 것이다. 지면 관계상 이 이론에 대한 자세한 설명은 생략하고 결론만 말하자면 다음과 같다.

"통화량 증가의 메커니즘은 대출이다."

우리나라 통화량에 관한 통계를 보면 이 말이 금방 이해가 될 것이다. 통화량은 한국은행이 공급하는 본원통화와 통화창출의 합계다. 총통화는 2010년 2월 말 현재 1597조 원인데, 그중 본원통화는 71조 원으로 총통화의 4.4%에 불과하고 나머지 95.6%는 통화창출이다. 여기서 통화창출이란 바로 대출을 말한다. 그러므로 통화 증가의 대부분이 대출 증가에 의해 이루어진다고 해도 과언이 아니다.

통화량 = 본원통화 + 통화창출(=대출)

1597조 원   71조 원   1526조 원

'대출이 곧 시중 유동성이다'라는 통화창출이론을 활용하여 미국 등 선진국들의 시중 유동성 상황을 알아보자.

〈그림 1-5〉와 〈그림 1-6〉은 2004년 이후 미국의 주택담보대출 (mortgage debt)과 소비자대출(consumer credit)의 증가액을 보여준다. 이미 짐작하고 있던 대로 미국의 대출이 금융위기 기간 중 빠르게 축소되고 있는 모습이 눈에 들어온다. 그리고 동전의 양면처럼 시

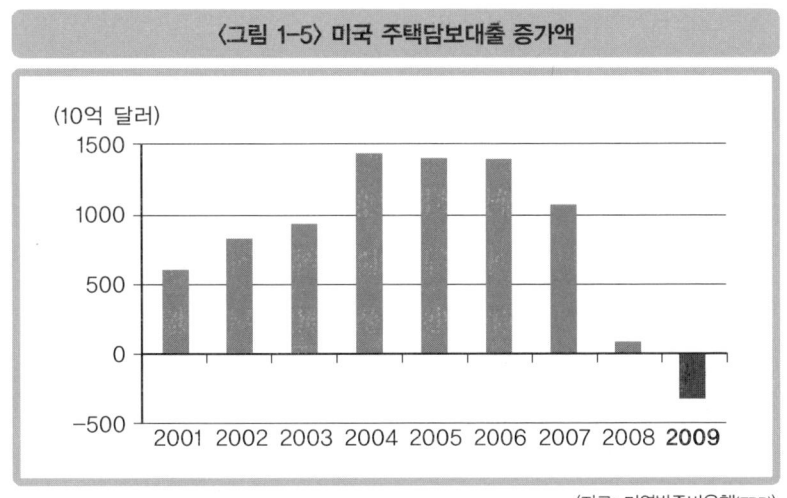

〈그림 1-5〉 미국 주택담보대출 증가액

(10억 달러)

(자료: 미연방준비은행(FRB))

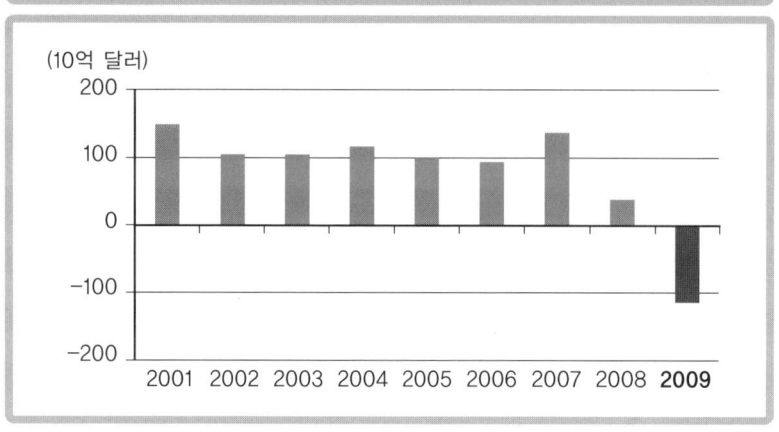

〈그림 1-6〉 미국 소비자대출 증가액

(자료: 미연방준비은행(FRB))

중 유동성이 감소하였음은 두말할 나위가 없다.

주택담보대출은 2004~2006년의 3년간 매년 1조 4000억 달러씩
증가했다. 미국의 국내총생산(GDP)이 2004년에 11조 7000억 달러
였으니 매년 GDP의 10% 넘게 대출이 증가한 것이다. 2007년에도
1조 달러가 넘게 증가했다. 그런데 금융위기가 발생한 2008년에는
거의 증가를 안 하더니 2009년에는 3200억 달러가 감소했다. 소비
자대출은 2001년 이후 줄곧 매년 1000억 달러 이상 증가했는데
2009년에는 1200억 달러 감소로 돌아섰다. 미국의 유동성 상황이
어땠는지를 단적으로 보여준다.

이처럼 대출이 감소한 것은 비단 미국에 국한된 현상이 아니었
다. 금융위기가 발생하자 주요 선진국들 모두 대출이 감소했고, 그

결과 시중 유동성이 감소했다.

미국 등 선진국은 유동성이 급감

이제 앞의 글에서 제기하였던 중요한 질문, 즉 "한국의 주식과 부동산이 금융위기가 본격화된 이후 전 세계를 엄청나게 초과 상승한 근본원인이 무엇인가?"에 대해 대답할 준비를 마쳤다.

그것은 유동성의 힘이었다. 미국을 비롯한 다른 국가들은 금융위기로 유동성이 감소했는데 한국만 그 전보다 유동성이 더 크게 증가했다. 그러니 주식과 부동산은 물론 다른 자산들의 가격도 오를 수밖에 없었던 것이다.

물론 유동성 외에 다른 경제적인 요인들이 주식과 부동산가격에 영향을 주었을 것이다. 거기에 대해서는 잠시 후에 더 깊이 있는 논의를 하겠다. 그러나 가장 큰 힘이 유동성이었다는 점은 의심의 여지가 없다.

그러므로 향후 한국의 주식과 부동산가격이 어느 방향으로 움직일지를 예측하기 위해서는 유동성이 어떻게 될지를 파악하는 것이 절대적으로 중요하다. 2008년과 2009년처럼 유동성 급증이 향후에도 지속된다면 한국 주식과 부동산의 초과 상승은 유지될 수 있다. 그러나 유동성의 증가가 주춤해지거나 혹은 감소로 전환한다면?

상상하기도 싫은 결과가 눈앞에 펼쳐질 수도 있다.

　이 책의 나머지 부분은 이처럼 중요한 유동성의 향후 동향을 분석하고 전망하는 것이다. 그래야만 유동성 파티가 언제 끝날지를 예측할 수 있을 테니까.

한국의 금융위기,
아직 시작되지 않았다

향후 유동성 동향에 대한 전망을 시작하기 전에 한 가지 짚고 넘어가야 할 사항이 있다. 그것은 독자들의 머릿속에 강하게 자리 잡고 있을 이런 의문을 해소하는 것이기도 하다.

'금융위기임에도 불구하고 유동성이 더 많이 증가한 것은 어떻게 설명해야 하나?'

이것은 지난 2년간, 그리고 현재 한국의 금융상황을 관통하는 아주 중요한 질문이다. 금융위기를 겪고 있는데 유동성이 증가한다는 도저히 이해할 수 없는 상황을 제대로 이해하는 것은 현재 한국의 금융상황의 본질을 파악하는 것이기 때문이다.

본질을 꿰뚫는 이 질문에 대답하기 위해 먼저 금융위기란 무엇인가에 대해 생각해보자.

금융위기를 한마디로 표현해보라는 요청을 받으면 뭐라고 대답할까? 많은 생각들이 바삐 머릿속을 오가지만 정작 적절한 해답을 끄집어내지 못하는 사람들이 많을 것이다.

혹시 "주식시장이 폭락하고 환율이 급등하는 상황이 금융위기다"라는 답변을 준비한 사람이 있다면 "그것은 금융위기의 결과로 발생한 일들이지 금융위기의 본질은 아니다"라고 이야기해주고 싶다.

금융이란 무엇인가를 생각해보면 대답을 찾기가 쉬울 것이다. 금융이란 자금의 융통이다. 좀 더 자세히 말하면 자금의 공급자인 금융기관으로부터 자금의 수요자인 기업과 개인에게 돈이 흘러가는 과정이 금융이다.

그러므로 금융위기란 금융이 작동되지 않는 상황, 즉 금융기관은 자금을 공급하지 않고 기업과 개인은 자금을 구할 수 없는 상황인 것이다. 쉽게 말해 금융위기의 본질은 대출이 줄어들고 그에 따라 시중에 유동성이 고갈되는 현상이다.

금융위기란 대출과 유동성이 감소하는 현상이다

이것을 현실에 적용해보자. 미국 등 선진국들은 2008년 이후 대출이 감소하고 유동성도 감소하고 있다. 금융위기를 겪고 있는 것이다.

한국은 어떤가? 대출이 급증했고, 그 결과 유동성이 급증했다. 금융위기의 본질과 정반대의 현상이다. 그러므로 이렇게 말할 수 있다.

"한국은 지난 2년간 금융위기를 겪지 않았다."

많은 사람들이 "한국은 금융위기를 벗어났다"고 말하는데, 이는 틀린 말이다. 2008년과 2009년 한국은 한 번도 대출이나 유동성이 감소한 적이 없었다. 감소하기는커녕 그 전보다 더 무섭게 증가했다. 금융위기의 본질적인 현상이 나타난 적이 없는데 어떻게 금융위기를 겪었다고 할 수 있으며, 겪지도 않은 금융위기를 벗어날 수 있다는 말인가.

혹자는 2008년 말에 태풍처럼 불어닥친 금융상황, 즉 주가가 폭락하고 환율이 폭등하던 상황이 금융위기가 아니면 무엇이냐고 반문할 것이다. 그것은 전 세계적인 금융위기의 영향이 국내에까지 불어닥친 것이었지 한국의 금융위기가 아니었다. 만약 글로벌 금융위기의 영향을 받아 한국의 금융위기가 시작되었다면, 금융위기의 본질인 대출축소와 유동성 고갈이 한국에서도 나타났을 것이다. 그러나 글로벌 금융위기에도 불구하고 국내에서 대출과 유동성이 축소된 적이 한 번도 없었으니 한국의 금융위기는 시작되지 않았던 것이다.

논리적으로는 타당하다고 생각하면서도 쉽게 수긍하지 못하는 사람도 있을 것이다. 지금까지 수없이 들어와서 당연한 것으로 받아들이고 있는 생각과 상반되기 때문일 것이다. 그런 사람들을 위해 얼마 전 미국 연방준비은행(FRB)이 내놓은 연구보고서 〈국내 주택가격 하락이 어떻게 전 세계 금융위기를 불러왔는가?(How did a domestic housing slump turn into a global financial crisis?)〉에 나오는 내용을 인용하겠다. 금융위기가 어떻게 발생하였고, 또 어떻게 전 세계로 확산되었는지를 아주 간명하게 설명하고 있으므로 한국의 현재와 미래 상황을 제대로 이해하는 데 큰 도움이 될 것이다.

글로벌 금융위기는 분명 미국 서브프라임 문제에서 시작하였고, 거기서부터 전 세계로 확산되었다. 그러면 외국인들이 보유한 미국 서브프라임 관련 자산이 글로벌 금융위기의 근본원인이었을까? 아니면 다른 요인들이 금융위기를 전 세계로 신속하게 확산시킨 것일까?

이 물음에 대답하기 위해서, 거액의 미국 모기지증권(U.S. mortgage-backed securities)을 보유하고 달러 차입에 크게 의존하는 국가들이 그렇지 않은 국가들보다 더 심각한 금융위기를 겪었는지를 분석하였다. 분석 결과는 그렇지 않다는 것이었다. 즉 미국으로부터 그 국가들로의 '직접 전염(direct contagion)'은 없었다는 것이다. 비록 그런 국가들의 신용위험도가 더 상승하고 은행주가가 더 떨어지는 현상이 나타나기는 했지만, 그 상관관계가 크지 않았다. 그리고 미국 이외의 국가들이 미국 모기지증권 투자에서 입은 거액의 손실이나 달러 차입에 대한 높은 의존도 때문에 자산가격의 급락을 겪었던 것이 아니었다.

따라서 '간접 전염(indirect contagion)'의 경로를 통해 금융위기가 전 세계로 확산되었을 것으로 생각된다. 간접 전염의 경로는 다음과 같은 것들이다. 은행들의 무모한 대출확대로 은행의 신용위험이 높아지고 그에 따른 고객들의 예금인출, 은행의 지나치게 높은 단기차입 비중, 부동산 폭락과 시가평가제로 인한 투자손실 발생과 투매의 악순환, 심각한 문제를 야기한 미국 은행들의 사업 모델을 미국 이외 국가의 은행들도 똑같이 추구했다는 인식의 확산, 위험자산을 기피하는 투자자들의 심리 등이다.

결론은 이렇다. 미국의 서브프라임 사태가 글로벌 금융위기의 직접적인 원인이었다기보다는, 서브프라임 사태가 전 세계 은행들이 추구해온 잘못된 사업 모델–과다한 대출과 투자자산 보유–의 문제점을 각성시키는 계기가 되었고, 그 결과 은행예금 인출 사태를 불러오는 계기로 작용했던 것이라 판단된다.

_미국 연방준비은행의 '국제금융 토론자료'(2010년 1월)의 요약 전문

쉽게 설명하자면 이런 이야기다. 미국에서 서브프라임 버블이 붕괴되어 심각한 상황으로 치닫자 다른 나라의 금융기관과 투자자들도 자신들의 금융시스템을 돌아보게 되었다. 그들이 발견한 사실은 자신들의 금융시스템 역시 미국과 하등 다를 바가 없다는 것이었다. 금융기관의 과다한 대출과 가계의 상식을 넘어선 부채증대, 그

리고 이로 인한 자산가격의 버블 등 미국 서브프라임 사태를 불러온 요인들을 하나도 빠짐없이 발견할 수 있었다. 그것을 발견하는 순간 금융기관은 대출을 축소하고, 투자자는 투자자산을 매각하기 시작했다. 서브프라임 사태는 단지 그 문제점을 현실화시키는 촉매제였을 뿐이라는 이야기다.

다행히도 한국은 그 촉매제에도 불구하고 금융위기가 현실화되는 것을 피할 수 있었다. 어떤 이유로 전 세계에 불어닥친 금융위기의 핵폭풍을 한국이 피할 수 있었는지 모두들 궁금할 것이다. 이에 대한 대답은 곧 듣게 될 것이다. 정작 독자들에게 더욱 절실하게 다가오는 물음은 다음과 같을 것이다.

"한국은 앞으로도 금융위기를 겪지 않을 것인가? 아니면 전 세계가 겪고 있는 금융위기 상황, 즉 대출과 유동성이 축소되는 그런 국면을 한국도 머지않아 겪게 될 것인가?"

이 책의 뒷부분은 이 물음에 초점을 맞추고 있다. 그러므로 잠시 후면 그 물음에 대해 머릿속이 환해지는 대답을 스스로 발견하게 될 것이다.

거듭 말하지만 한국의 금융위기에 대한 진실은 이렇다.

"한국은 금융위기에서 벗어난 것이 아니라 금융위기를 애당초 겪지 않았다. 한국 경제에서 금융위기란 과거의 일이 아니라 미래의 일이다."

04

부채과잉으로 터진 문제를
부채로 막았다

2009년에 한국만 금융위기를 피할 수
있었던 비결은 무엇일까? 이 질문을 달리 표현하면 이런 물음이다.
다른 선진국들은 유동성이 급감했는데 한국만 유동성이 급증한 근
본원인은 무엇인가? 그 원인을 알고 나면 앞으로 유동성이 어떻게
변할지도 알 수 있을 것이다.

시중 유동성을 나타내는 지표는 통화량이라고 했다. 〈그림 1-7〉은
총통화(M2) 추이를 보여준다. 총통화가 2006년 이후 급격히 증가하고
있는 것이 한눈에 들어온다. 2008년과 2009년에는 총통화의 증가가
더 가팔라지고 있음도 볼 수 있다. 2005년 말 1022조 원이었던 총통
화가 2009년 말에는 1570조 원까지 급증했다.

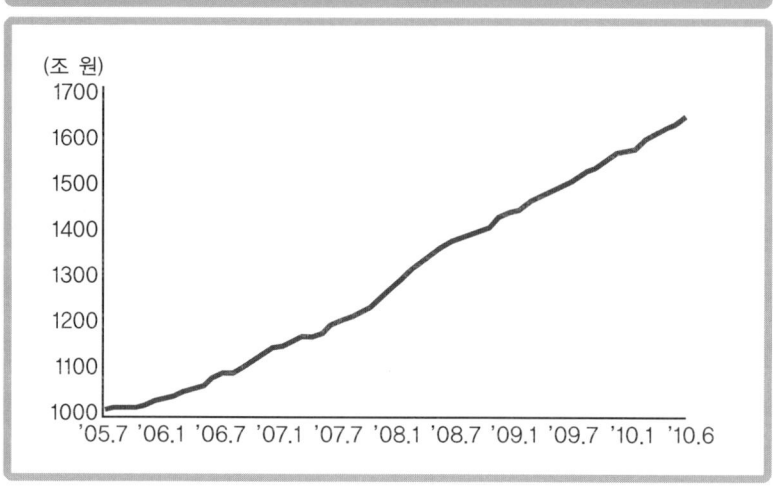

〈그림 1-7〉 총통화(M2)

(자료: 한국은행 통계시스템)

이처럼 2008년과 2009년 통화량이 급증한 것은 어떤 요인 때문일까?

앞에서 통화량을 결정하는 것은 대출이라고 했다. 즉 대출이 1억원 증가하면 통화량이 1억 원 증가한다는 것이 바로 경제학의 통화창출이론이다. 이 이론은 유동성 파티가 언제 끝날지를 판단하는데 가장 중요한 이론이므로 더 자세히 알아보자.

통화창출이론에 대해 길게 설명을 듣는 대신 그림을 보면 이해가더 빠를 것이다. 〈그림 1-8〉은 통화량 증가와 대출 증가를 비교한것이다. 대출과 통화량이 해마다 비슷한 금액으로 증가해온 것을볼 수 있다.

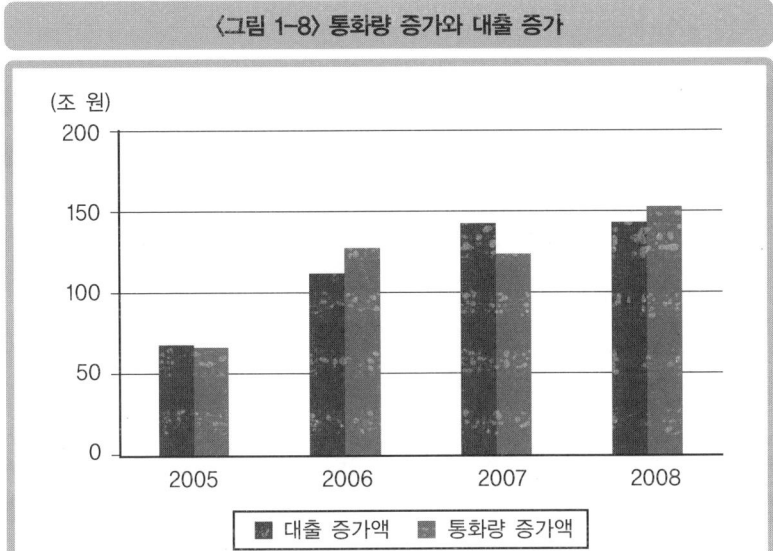

(조 원)

대출 증가액　■　통화량 증가액

　　2005년부터 2008년까지 4년간 금융기관 대출이 465조 원 증가했고, 총통화는 471조 원 증가했다. 총통화 증가의 99%가 대출 증가에 의해 이루어졌음을 알 수 있다. 그러므로 이렇게 말할 수 있다.

　　"2006년 이후 통화량이 급증한 것은 대출이 급증했기 때문이다."

대출이 급증하여 유동성이 증가했다

　　이 말을 더 구체적으로 설명하면 이렇다. 2006년 이후 저금리가 유지되고 부동산과 주식시장이 활황을 지속하자 개인들은 대출을 받아 부동산과 주식에 대한 투자를 늘렸다. 실물경기도 활황세가 지속되었으므로 기업들 역시 대출을 받아 사업규모를 키웠다. 그 결과 통화량과 시중 유동성이 급증했다.

2008년 9월 이후 금융위기가 전 세계를 휩쓸 때에도 우리 국민들은 대출을 더 늘려서 부동산에 또 투자했다. 동전의 양면처럼 유동성은 계속 증가했다.

금융위기 이후에도 대출이 계속 증가할 수 있었던 것은 은행들이 금융위기에 아랑곳하지 않고 공격적인 대출확대정책을 유지하였기에 가능한 일이다. 물론 그 배후에는 정부의 강력한 금융완화정책이 도사리고 있었다.

미국 등 선진국들 역시 은행에 공적자금을 투입했다. 그러나 그 성격은 낮과 밤처럼 완전히 달랐다. 정부가 은행에 돈을 지원했다는 사실은 같지만 그것이 가져온 경제적 효과는 극명하게 달랐다.

이에 대해 더 자세한 이야기를 꺼내면 또 금융위기에 대한 이야기냐며 고개를 돌리는 사람이 있을지 모르겠다. 지난 2년여 동안 신물 나게 들어온 이야기이므로 그 심정 이해가 간다. 하지만 어쩌겠는가? 주식과 부동산가격이 향후 오를지 내릴지를 전망하기 위해서는 꼭 짚어보아야 할 필수 과정인 것을. 그래서 간결하게 짚어보도록 하겠다.

먼저 공적자금의 투입시기부터 보자.

미국 등 선진국에서 부동산 버블이 꺼지자 은행의 부실대출이 히 말라야 산봉우리에서 굴러 내려가는 눈덩이처럼 커져갔다. 은행의 존재는 산사태를 만난 초가 마을처럼 위태로웠다. 은행들이 손실을 줄이기 위해 서둘러 대출 회수에 나섰음은 물론 은행들끼리도 서로를 믿지 못해 돈을 빌려주지 않았고, 마침내는 은행 파산을 우려한 예금자들이 예금을 인출하는 사태까지 벌어졌다.

금융시장은 산사태가 휩쓸고 간 마을처럼 전원이 꺼지고 작동이 멈췄다. 대출이 감소하고 주식과 부동산이 폭락을 거듭하자 실물경제도 바람 앞의 촛불 신세가 되었다. 금융시장뿐 아니라 실물경제마저 위기에 빠지자 금융의 '최후의 보루(last resort)'인 중앙은행과 정부가 직접 나서 공적자금을 투입하는 것은 당연한 일이었다.

정부의 공적자금 투입은 투기판의 판돈 늘리기

한국은 어떤가? 부동산 버블이 붕괴되지도 않았고, 은행의 부실 대출이 급증하지도 않았으며, 어느 누구도 자신이 맡긴 예금을 인출하려 새벽부터 은행에 달려가 창구 앞에 줄을 서지도 않았다. 은행들은 여전히 대출을 공격적으로 늘리고 있었고, 부동산은 잠시 급락하긴 했지만 여전히 높은 수준에 있었다.

그런데 한국 정부는 선진국들에 뒤질세라 공적자금을 은행에 쏟아부었다. 정부로부터 받은 공적자금으로 주머니가 두둑해진 은행은 대출을 더 확대했다. 그러니 한국의 부동산과 주식시장은 버블이 채 꺼지기도 전에 정부가 성급하게 지원해준 공적자금을 불쏘시개로 하여 더 활활 타올랐다.

공적자금 투입의 경제적 효과를 한마디로 말하면 이렇다. 미국 등 선진국은 은행의 자본이 바닥나서 대출재원이 부족할 때 정부에서 대출재원을 지원하여 금융을 정상화시켰던 반면, 한국은 공적자금으로 투기판의 판돈을 늘려줬고 그 결과 버블이 더 팽창했다.

금융위기에 대한 대응으로 각국 정부는 공적자금 투입 외에도 금리를 사상 최저로 인하하여 개인들의 대출확대를 유도했다. 공적자금이 은행의 대출공급능력을 보강해준 것이라면, 금리인하는 개인들의 대출수요를 늘리려는 정책이었다. 이러한 금융완화정책도 미국 등 선진국과 한국은 판이하게 다른 결과를 낳았다.

미국은 서브프라임 버블이 붕괴되자 집값이 폭락했고 개인들은 뒤늦게 '대출 받아 집에 투자하기'를 멈추고 대출상환에 돌입했다. 집값이 천정부지로 치솟을 때는 앞다투어 대출을 받아 집에 투

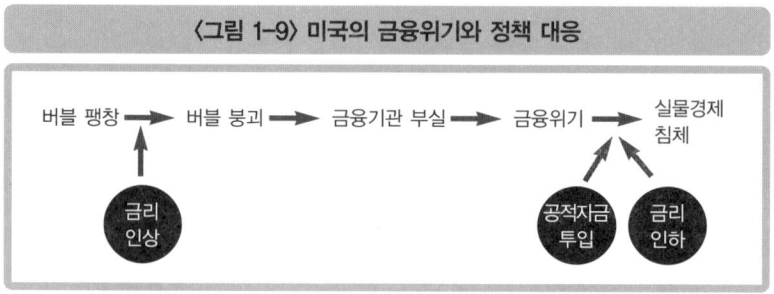

〈그림 1-9〉 미국의 금융위기와 정책 대응

48

자하더니만 집값이 폭락하자 뒤늦게 리스크 관리에 들어간 것이다. 선진국들이 금리를 인하한 시점이 바로 이때였다. 은행과 개인 모두 대출을 하지도, 받지도 않는 상황을 타개하기 위해 금리를 제로 수준까지 낮춰 대출수요를 촉진하려 한 것이다. 그런 정부의 노력으로 대출감소세가 일부 완화되었다.

선진국 가계는 대출 줄이기, 한국 가계는 대출 늘리기

한국의 상황은 정반대다. 은행이 대출공급을 축소하지도 않고, 개인들의 대출수요가 줄어들 기미도 보이지 않았는데, 정부는 미리-그들이 좋아하는 말로는 선제적으로- 금리를 사상 최저인 2%까지 인하했다. 당연히 대출이 더 늘었고, 대출 받은 돈들이 부동산으로 계속 몰려들었다.

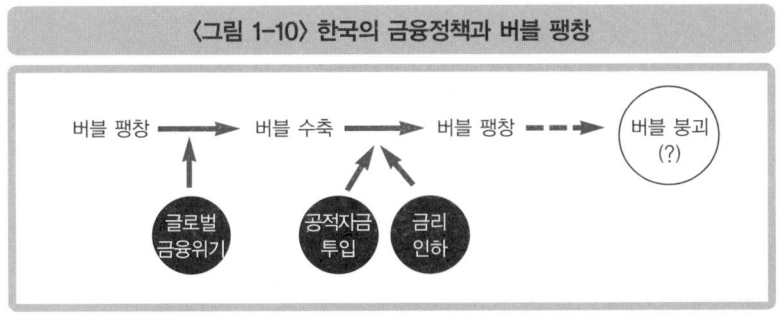

〈그림 1-10〉 한국의 금융정책과 버블 팽창

금리인하에도 불구하고 개인들이 부동산에 공격적으로 투자하는 것을 망설이자 정부는 또 다른 정책을 들고 나와 개인들을 유혹했다. 부동산에 대한 세금을 줄이거나 아예 없애고, 온갖 규제를 다 풀어주면서 개인들의 '대출 받아 부동산에 투자하기'를 부추겼다. 마침내 개인들이 부동산에 투자하기 시작했고, 그 결과 대출이 계속 증가했음은 두말이 필요 없다.

금융위기와 정부의 금융완화정책에 대한 지금까지의 긴 이야기를 요약하면 다음과 같다.

미국 등 선진국의 금융완화정책은 버블이 붕괴된 이후 그 후유증으로 나타난 대출축소를 완화하기 위한 정책이었다. 반면 한국의 금융완화정책은 이미 급증하고 있던 대출에 기름을 붓는 정책이었고, 그 정책의 시행으로 버블은 더 팽창했다.

이것이 2009년 한국만 금융위기를 비켜갈 수 있었던 이유다. 대출을 지나치게 늘려서 생긴 부실대출의 문제를 대출을 더 늘림으로써 해결하였으니 겉으로는 평온해 보였지만 속으로는 더 큰 병을 키워온 것이다.

지금까지의 이야기에서 대출과 유동성의 관계에 대해 중요한 사실을 깨달은 독자들이 있을 것이다. 그것은 대출이 유동성 증가의 원인행위이고, 유동성 증가는 대출의 결과 나타나는 결과물일 따름이라는 사실이다.

그러므로 2009년 주식과 부동산가격이 계속 오를 것이라던 강세론자들이 주문처럼 외우고 다니던 "시중에 유동성이 넘쳐나므로 주식과 부동산가격은 앞으로도 많이 오를 것이다"라는 말은 이렇게 바꿔야 더 정확한 의미가 된다.

"사람들이 대출을 많이 받아 부동산과 주식에 공격적으로 투자한 결과 시중 유동성이 급증했다."

쉽게 말해 미국 등 선진국 가계는 빚을 줄여가고 있는데 한국 가계는 빚내서 공격적으로 부동산과 주식에 투자했고, 그 결과가 세계 최고의 상승률로 나타났던 것이다.

미국 서브프라임 버블과 닮은꼴인 '유동성 파티'

'미국 등 선진국들은 주가와 부동산가격이 급락하는데 한국은 오르고 있다.'

이 얼마나 달콤한 유혹인가? 남들은 자산가격 하락으로 허리띠를 졸라매는데, 우리만 재산이 늘고 파티까지 즐기고 있으니 상대적 만족감은 두 배로 늘어난다. 그것이 빚내서 투자한 결과라고 하더라도 쉽게 떨치기 어려울 정도로 달콤하다. 하물며 빚내서 투자한 후유증이 언제 나타날지 누구도 정확히 말할 수 없는데, 당장 눈앞의 화려한 파티를 못 본 체하며 지나치기 어렵다.

정부는 그런 후유증은 없을 거라고 거듭거듭 큰소리를 치고 있다. 소위 주식과 부동산 전문가라는 사람들은 파티가 벌어졌는데

뒷일을 걱정하여 참가하지 않는 것은 바보라는 말까지 서슴없이 내뱉는다. 언론도 빠질 수 없다. 이런저런 아름다운 말솜씨로 사람들을 파티로 끌어들이기에 여념이 없다.

그들의 말을 곧이곧대로 믿고 파티장에 들어가려는 사람들에게 경제학의 상식을 말해주고 싶다. 어디 경제학뿐일까? 세상의 이치를 담고 있는 아주 평범한 진리다.

"경제에 공짜점심은 없다."

빚내서 성공한 사람을 보았는가? 잠시 동안은 호화로운 집과 번쩍거리는 외제차로 뭇사람들의 부러운 시선을 받을 수 있다. 그러나 오래지 않아 비참한 말로를 맞게 되는 것은 비단 동화책에만 나오는 이야기가 아니다.

국가경제도 이런 세상 이치에서 예외일 수 없다. 경제주체들이 빚내서 투자하고 또 빚내서 흥청망청 돈을 쓴다면, 자산가격은 치솟고 성장률은 올라간다. 문제는 그 후유증이 언제 나타나느냐일 뿐이지 아무런 문제도 없이 지나갈 순 없다는 것이다.

모두의 기억에 생생한 서브프라임 사태의 참상들이 그 후유증이 어떤 모습일지를 생생하게 보여주고 있지 않은가? 서브프라임 버블이 팽창하는 동안 미국 국민들은 행복에 겨워했다. 빚내서 집을 사놓기만 하면 가만히 있어도 재산이 쑥쑥 자라나니 이게 꿈인가 생시인가 했을 것이다. 어떤 사람들은 그런 파티에 늦게 참가한 것을 후회하며 남들보다 더 공격적으로 빚을 냈을 것이다. 그런 행복한 시간이 수년간 지속될 때 소수의 현자들은 끊임없이 경고를 보냈지만 아무도 귀를 기울이지 않았다.

그러나 빚내서 흥한 자는 반드시 빚으로 망한다는 역사의 교훈은 여지없이 그 냉혹함을 드러냈다. 그 참혹한 현실이 어떤지는 길게 이야기하지 않아도 잘 알고 있을 것이다. 그러므로 현명한 사람이라면 빚내서 흥한 경제가 겪게 될 다음 과정에 미리 대비해야 할 것이다.

'유동성 파티'의 다른 이름, '빚내서 투자하기'

누가 나에게 "지금 한국 경제가 안고 있는 가장 큰 리스크가 무엇이라고 생각하나요?"라고 묻는다면 잠시의 망설임도 없이 "가계 부채 문제입니다"라고 대답할 것이다.

빚내서 흥한 경제가 망하는 것은 빚 때문이다. 빚을 더 이상 낼 수 없을 때 파티가 끝나고 위기가 시작된다. 파티의 계산서가 날아들면 또 빚을 내서 계산을 해야 하는데, 더 이상 돈을 빌려주는 곳이 없으니 부도 위기에 처하는 것이다.

한국 경제는 빚을 잔뜩 지고 있다. 미국을 비롯한 다른 국가들은 금융위기를 겪으면서 자의든 타의든 빚을 줄여왔다. 아직도 갚아야 할 빚이 엄청나긴 하지만 지난 2년여 동안 허리띠를 졸라매면서 많든 적든 빚을 줄여왔다. 그러는 동안에도 한국 경제는 개인과 기업

그리고 국가까지도 엄청나게 빚을 늘렸다. 그 빚낸 돈으로 남들이 허리띠를 졸라매는 동안에도 계속 파티를 즐겼다. 그러니 이제 파티가 끝날 시간이 얼마 남지 않았고, 날아들 계산서의 금액은 엄청날 것이 틀림없다.

경제주체들 중 가장 심각한 곳이 가계다. 빚이 늘어나는 동안 소득은 줄어왔으니 빚을 갚을 능력이 두 배로 허약해진 것이다. 수입은 줄고 있는데 부채를 늘려가는, 참 어처구니없는 일을 지난 2년간 한국의 가계들이 벌여온 것이다.

그 실상을 하나하나 짚어보고 얼마나 심각한 지경에 이르렀는가

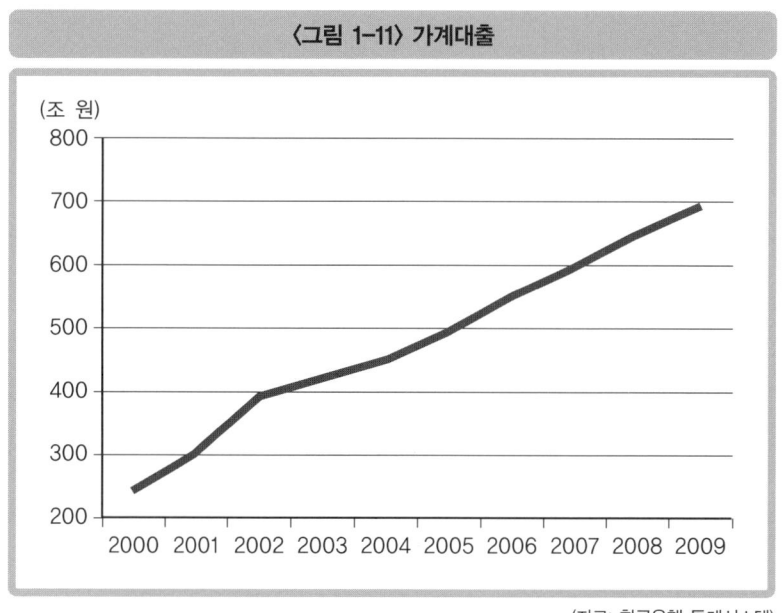

〈그림 1-11〉 가계대출

(자료: 한국은행 통계시스템)

를 알아보자. 먼저 그림을 보면서 그 실상을 파악해보자.

2000년 말 241조 원이었던 가계대출이 2009년 말에는 692조 원으로 무려 세 배나 증가했다. 가계가 대출을 받아 아파트에 본격적으로 투자하기 시작한 2004년 이후 5년간 243조 원이 증가했다.

2004년 29조 원이 늘었던 가계대출은 다음 해인 2005년에는 44조 원이 늘었고, 2006년에는 57조 원이 늘어 증가액이 2004년의 두 배가 되었다. 그해 전국의 아파트시세가 최고로 올랐던 것이 다 가계대출의 힘이었다.

대출이 증가하면 동전의 양면처럼 시중 유동성이 증가한다. 시중에 넘쳐나는 돈들은 이익을 낼 수 있는 곳이면 어디든 흘러들었고, 주식을 비롯한 다른 자산가격도 상승했다. 그렇게 한국 가계들의

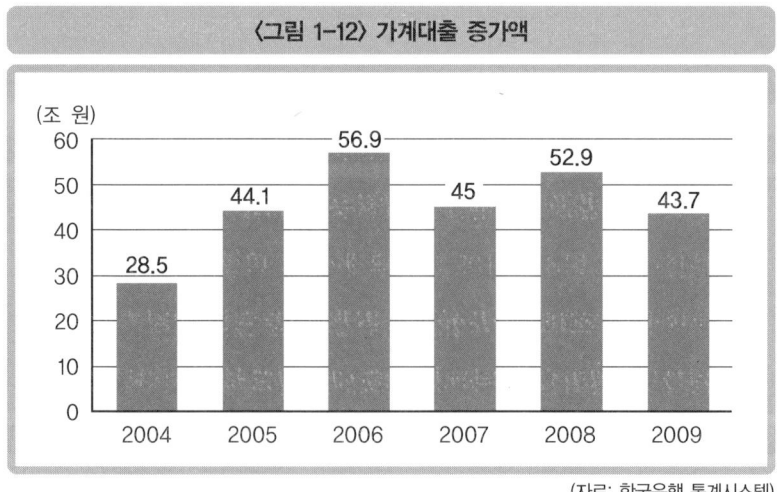

〈그림 1-12〉 가계대출 증가액

(자료: 한국은행 통계시스템)

'빚내서 투자하기'가 속도를 내고 있었다.

2007년은 가계대출 증가액이 45조 원으로 2006년보다 12조 원이 줄었다. 당시 노무현 정부가 강력하게 시행한 부동산 버블 억제 정책 때문이었다. 은행들은 총부채상환비율(DTI)과 담보인정비율(LTV)을 엄격히 적용해야 했고, 가계대출은 증가세가 주춤해졌다. 그러니 가계부채의 증가속도가 다소나마 완화되었다고 위안을 삼을 수 있을까?

진실은 그렇지 않다고 말하고 있다. 자고 나면 아파트시세가 몇백만 원 혹은 몇 천만 원씩 뛰고, 재산이 비 온 뒤 죽순 자라듯 쑥쑥 자라는 꿈같은 세상을 맛본 사람들이 그 달콤한 맛을 포기할 리 없었다. 국내 1위 은행이 되려는 은행 최고경영진들의 욕심도 한몫을 했다. 사업자등록증만 있으면 DTI나 LTV에 구애됨 없이 무한정 대출을 해주는 편법이 동원되었다. 분명 대출 받은 돈이 아파트 구입 대금으로 들어가는데 은행은 이를 가계대출이 아닌 기업대출로 분류하여 규제를 피했던 것이다.

〈그림 1-13〉은 가계대출 증가율과 총대출 증가율을 보여준다. DTI와 LTV가 강력히 시행되자 가계대출 증가율이 2007년 8.2%로 전해인 2006년의 11.5%에 비해 크게 하락했다.

가계대출이 주춤해진 것과 반대로 은행의 총대출은 더 크게 증가했다. 2006년 증가율이 10.8%로 이미 두 자릿수였는데, 2007년에는 14.8%라는 놀라운 증가율을 기록했다. 2008년은 금융위기의 태

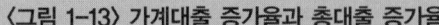

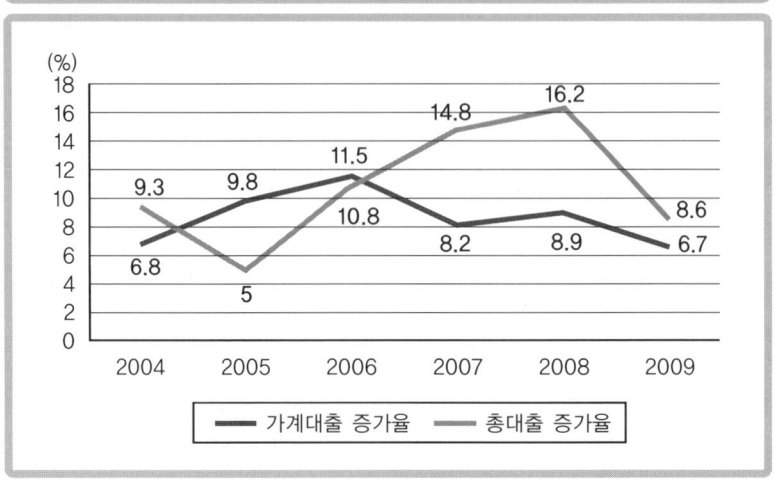

〈그림 1-13〉 가계대출 증가율과 총대출 증가율

(자료: 한국은행 통계시스템)

풍이 몰아치는 와중에 16.2%나 증가했으니 벌린 입이 다물어지지 않는다.

2007년과 2008년 대출이 엄청나게 증가한 것은 DTI와 LTV를 피해 은행들이 중소기업대출을 무리하게 늘림과 동시에 편법을 이용한 가계대출 늘리기를 멈추지 않았기 때문이다.

미국 서브프라임 버블은 '빚내서 집에 투자하기'의 결과

2005년 이후 2008년까지 가계대출의 실질증가율이 매년 두 자릿수였던 것이 얼마나 심각한 문제인지 실감하지 못하는 사람도 있을 것이다. 그래서 미국의 서브프라임 버블과 비교해보겠다.

경제학자들이 이구동성으로 말하길 서브프라임 버블은 1930년 대 세계 대공황 이후 가장 큰 버블이었다고 한다. 그리고 그 버블이 생겼던 것은 정부의 저금리정책과 은행의 대출확대정책을 토대로 미국의 가계들이 '빚내서 집에 투자하기'를 무모하게 실행한 결과였다. 한마디로 말하면 미국의 서브프라임 사태는 가계부채 문제였다.

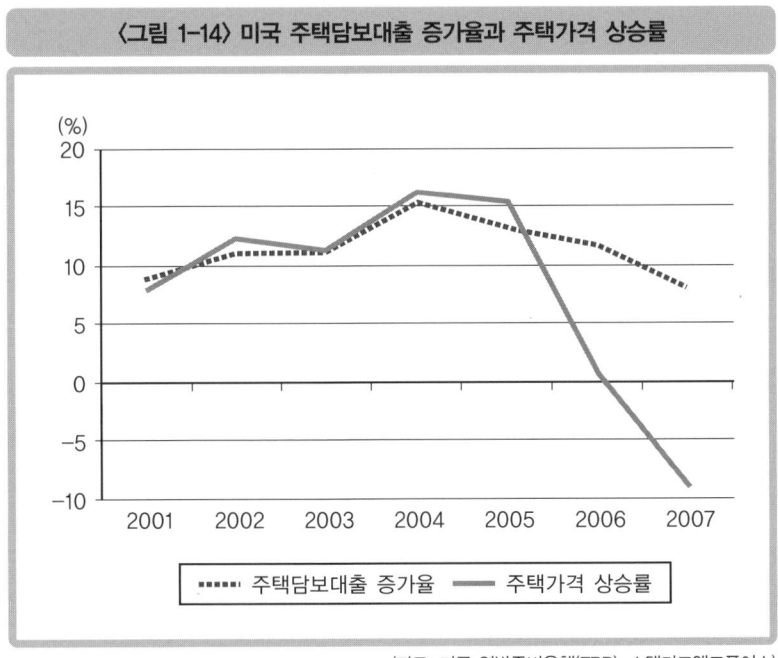

〈그림 1-14〉 미국 주택담보대출 증가율과 주택가격 상승률

(자료: 미국 연방준비은행(FRB), 스탠더드앤드푸어스)

미국의 가계부채가 얼마나 증가했고, 그것이 어떻게 서브프라임 버블을 키웠는지 그림으로 확인해보자. 〈그림 1-14〉는 미국 주택담보대출(mortgage) 증가율과 주택가격 상승률을 보여준다.

2001년 미국의 벤처 버블이 꺼지고 경제가 침체에 빠지자 미국 중앙은행은 금리를 1%까지 낮추었다. 은행과 가계는 가계대출을 무섭게 늘려가기 시작했고 '빚내서 집에 투자하기'에 가속도가 붙었다. 2001년 8.8%였던 대출 증가율이 2002년 11%로 두 자릿수로 올랐고 2006년까지 5년간 두 자릿수 증가율이 유지되었다.

집값 역시 2002년부터 무섭게 뛰기 시작하였다. 2002년 12.2%, 2003년 11.4% 상승하더니, 2004년과 2005년에는 각각 16.2%와 15.5% 상승하여 경이로운 집값상승을 기록했다.

지금 한국의 자산시장이 즐기고 있는 유동성 파티는 서브프라임 사태가 터지기 직전 미국인들이 즐겼던 파티와 하나부터 열까지 모두 빼닮았다. 그 외형은 물론 본질까지도 똑같다. 둘 다 파티의 성격이 자산 버블 파티였고 그것의 불쏘시개는 가계부채 급증이었다.

그러니 파티의 단맛이 아무리 매혹적이라 해도 파티가 끝난 뒤를 미리 준비해야 할 시점이다.

2장

파티가 끝나는
징후들

'한국판 서브프라임 사태'의
징후들

"유동성 파티는 언제 끝날까? 혹은 파
티가 끝나는 것을 미리 알려주는 징후는 없을까?"

기업인은 물론 주식과 부동산투자자들도 간절히 그 해답을 알고
싶어 할 질문이다. 이런 생각을 하는 사람도 있을 것이다. '미국 서
브프라임 버블이 어떻게 붕괴되었는지를 보면 그 해답을 얻을 수
있지 않을까?' 좋은 생각이다. 확실히 미국 서브프라임 버블과 한
국의 유동성 파티는 마치 두 살 터울의 친형제처럼 닮은꼴이니까.

서브프라임 버블이라는 독버섯을 자라게 했던 토양은 미국 정부
의 저금리정책과 은행의 공격적인 대출확대였다. 그리고 그 독버섯
을 키운 자양분은 미국 가계의 '빚내서 집에 투자하기'였다. 한국

정부와 은행들 역시 똑같은 정책을 취했고, 한국 가계 역시 '빚내서 아파트 투자하기'에 열을 올렸다. 그 열기는 결코 미국에 뒤질 바가 아니었다.

그러니 미국 서브프라임 버블의 붕괴 과정을 깊이 들여다보면 한국 자산가격의 버블 붕괴가 어떻게 시작될지에 대한 유용한 실마리를 찾을 수 있을 것이다.

서브프라임 버블의 붕괴는 어떻게 시작되었을까?

미국 가계의 '대출 받아 집에 투자하기'가 멈추는 순간 줄기차게 오르기만 하던 집값이 고개를 떨구었고, 버블이 붕괴되기 시작했을 거라는 점은 의심의 여지가 없다. 그리고 '대출 받아 집에 투자하기'가 멈춘 가장 큰 이유는 은행이 대출 줄이기에 나섰기 때문일 거라고 쉽게 짐작할 수 있다.

그러면 수년간 주택구입자금을 공격적으로 대출해오던 미국의 은행들이 왜 갑자기 대출축소로 돌아섰을까? 은행이 대출을 축소하는 가장 큰 이유는 대출을 해주고 나중에 돌려받지 못할 것을 우려해서다. 그러므로 가계의 대출상환능력이 취약해진 것이 대출축소의 근본원인이었을 것이다.

가계의 부채상환능력은 어떻게 판단하나?

가계는 벌어들인 소득으로 대출의 원리금을 상환한다. 그래서 경제학자들과 전문가들은 '가처분소득 대비 가계부채비율'로 가계의 부채상환능력을 판단하고 있다.

가처분소득 대비 가계부채비율=가계의 금융부채 ÷ 가계의 가처분소득

가계의 금융부채 총액을 가계 전체의 가처분소득으로 나눈 값이다. 이 수치가 높을수록 소득에 비해 금융부채가 많다는 것을 의미하므로 상환능력은 더 취약해진다.

서브프라임 사태의 시작 시점인 2007년 말 미국의 '가처분소득 대비 가계부채비율'이 136%였다. '대출을 받아 집에 투자하기'가 수년간 계속되자 가계부채가 급증하여 가처분소득의 1.36배에 이르렀고, 은행들은 더 이상 대출하는 것은 위험하다고 판단하여 대출축소를 시작한 것이다.

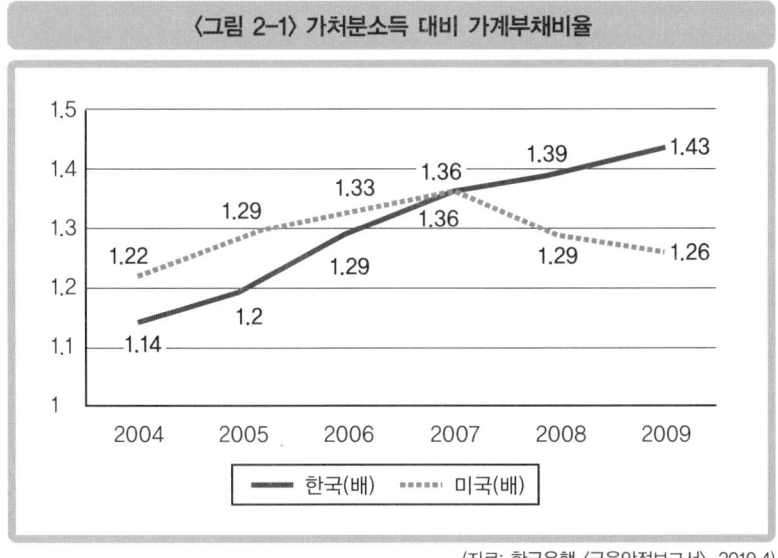

〈그림 2-1〉 가처분소득 대비 가계부채비율

(자료: 한국은행 〈금융안정보고서〉, 2010.4)

우리나라의 현재 상황은 어떤가?

놀라지 마시라. 2009년 말 이 비율이 143%였다. 2004년 말에는 114%였는데 5년 만에 143%까지 급등한 것은 한국 가계들의 '빚내서 아파트 투자하기'의 결과였다. 가계의 부채상환능력은 서브프라임 사태가 시작될 시점의 미국보다 더 위험한 상황이다.

'가처분소득 대비 가계부채비율' 143%의 의미

한국의 유동성 파티와 미국의 서브프라임 버블을 이야기에 비유하면 이렇다. 이 둘은 발단과 전개 그리고 클라이맥스까지 똑같은 과정을 밟고 있다. 다만 미국의 서브프라임 버블은 이미 결말이 드러난 데 반해 한국의 유동성 파티는 아직 클라이맥스의 끝자락 혹은 결말의 초입에 머무르고 있다는 점이 다를 뿐이다.

미국의 서브프라임 버블은 2007년 하반기 붕괴되기 시작하여 서브프라임 사태를 불러왔는데, 한국의 유동성 파티도 그와 같은 결말에 이르게 될지가 초미의 관심사다.

그러나 어떤 일이든 그 원인과 전개 과정이 같으면 그 결과도 같아지는 법이다. 지금 한국의 유동성 파티는 참담한 결말을 목전에 두고 살얼음판을 걷는 형국이다. 언제 어떤 일이 계기가 되어 얼음의 한 곳에 금이 가기 시작하면 바로 '한국판 서브프라임 사태'로

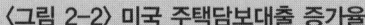

〈그림 2-2〉 미국 주택담보대출 증가율

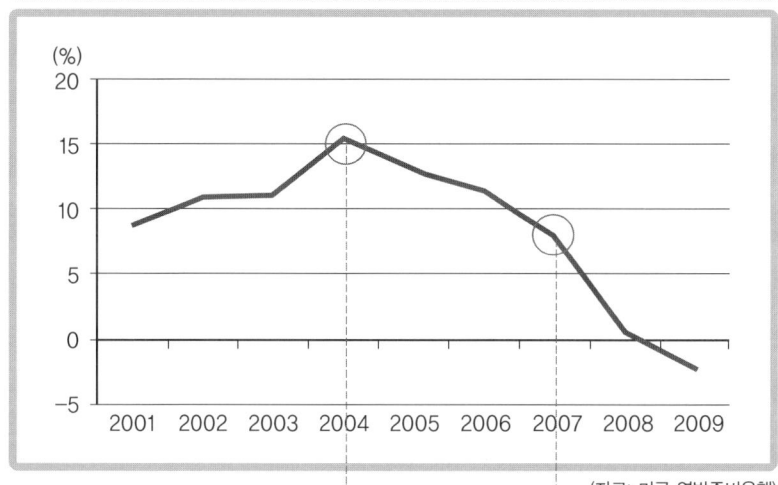

(자료: 미국 연방준비은행)

〈그림 2-3〉 한국 가계대출 증가율

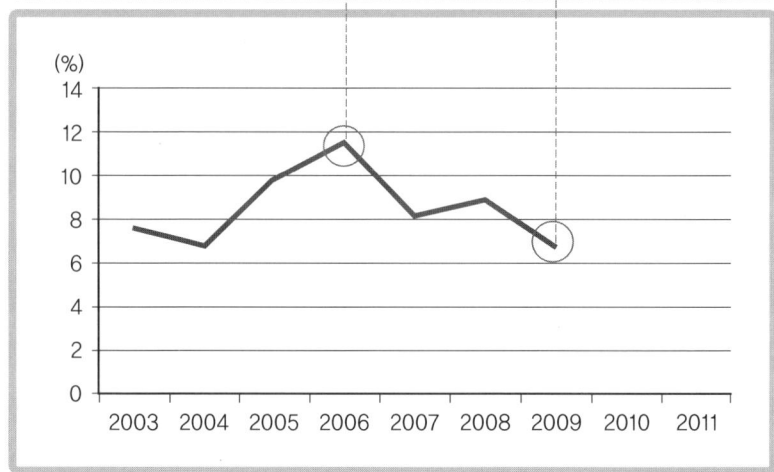

(자료: 한국은행 통계시스템)

치달을 수 있는 위험한 상황이다.

살얼음판에 금이 가는 일은 언제 어떻게 시작될까? 그 열쇠를 쥐고 있는 대출을 보자. 〈그림 2-2〉는 2001년부터 2009년까지 미국의 주택담보대출 증가율 추이를 나타내고, 〈그림 2-3〉은 2003년부터 2009년까지 한국의 가계대출 증가율 추이를 보여준다.

그래프를 보는 순간 이런 생각으로 충격을 받을 수도 있다.

'한국의 가계대출 동향이 미국의 주택담보대출 동향을 2년 늦게 따라가고 있는 것은 아닌가?'

2001년 이후 매년 두 자릿수였던 미국 주택담보대출 증가율이 2004년을 기점으로 꺾이기 시작했는데, 한국의 가계대출 증가율은 그보다 2년 뒤인 2006년 정점을 지나 꺾이기 시작했다. 증가율이 정점을 지나고 나서 하락세를 굳혀가는 것도 흡사하다.

대출 증가율을 비교하면 다소나마 위안이 되는 점을 발견할 수 있다. 2001년부터 2004년까지 미국의 주택담보대출은 매년 평균 11.6% 증가했고, 한국의 가계대출은 해마다 평균 8.9% 증가했다. 그리고 대출 증가율이 정점에 달했던 2004년 미국의 증가율은 15.4%였는데, 한국의 대출 증가율의 최고치는 2006년의 11.5%였다. 한국의 가계대출이 미국보다 상당히 낮은 증가율을 보였으니 적잖은 위안이 된다.

그러나 앞에서도 말했듯이 참여정부 시절 DTI와 LTV 등으로 주택담보대출을 강력히 억제하자 은행들이 주택을 담보로 대출을 하면서 기업대출로 분류한 경우가 많았던 점을 고려하면 마냥 안심할 일이 아니다.

가계대출 증가율마저 미국을 닮았는데……

중요한 것은 향후 동향이다. 한국의 가계대출이 2008년 이후 미국이 걸었던 길을 뒤따른다면 '한국판 서브프라임 사태'를 피할 수 없을 것이다. 가계부채로 유지되던 부동산과 주식 버블이 일시에 무너져 내리고, 곧이어 한국의 금융위기로 발전할 가능성이 크다.

그 가능성이 어느 정도인지, 그리고 그런 위기가 언제 시작될지를 알아보기 위해 〈그림 2-4〉를 보도록 하자. 〈그림 2-4〉는 분기별 가계대출 증가액이다. 글로벌 금융위기의 태풍이 몰아친 직후인 2009년 1분기 가계대출이 잠깐 감소했으나, 곧바로 큰 폭의 증가세를 회복했다. 2009년 2~4분기에는 전년 수준을 회복하였으니 한국의 금융위기는 시작되지 않았던 것이다.

그러나 2010년 1분기 가계대출 증가가 크게 축소되었다. 2009년 2~4분기에는 매 분기 15조 원이 증가했는데, 2010년 1분기에는 그것의 1/3에 불과한 4.6조 원 증가에 그쳤다.

드디어 금융기관들이 가계의 대출상환능력이 극도로 취약해진 것을 알아차리고 위험관리에 들어간 것일까? 만약 그랬다면 2008년 이

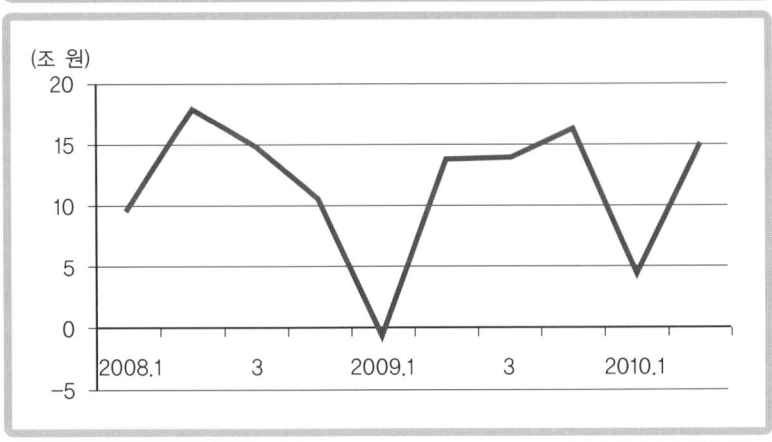

<그림 2-4> 가계대출 증가액

(조 원)

(자료: 한국은행 통계시스템)

후 미국과 같은 길, 즉 '한국판 서브프라임 사태'가 곧 터질 수도 있
는 순간이었다. 그러나 2분기 들어 대출이 갑작스레 폭증했다. 15조
원의 대출이 증가함으로써 '한국판 서브프라임 사태'의 발발이 잠시
연기된 양상이다.

은행의 대출축소 시작됐다

가계대출 증가액을 대출기관별로 구분하여 분석해보면 중요한
사실을 발견할 수 있다. 〈그림 2-5〉는 예금은행, 비은행예금기관
및 기타 기관별 가계대출 증가액을 보여준다.

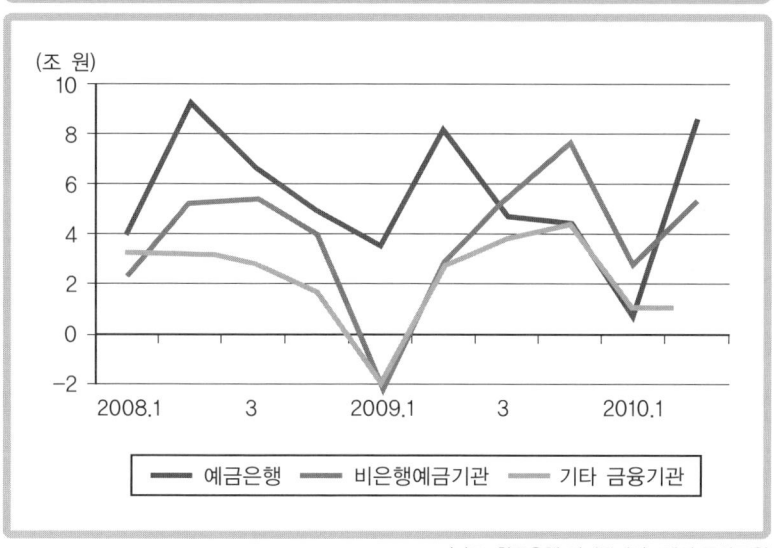

〈그림 2-5〉 금융기관별 가계대출 증가액

(조 원)

예금은행 ——— 비은행예금기관 ——— 기타 금융기관

(자료: 한국은행 경제통계시스템의 통화금융)

2009년 말 현재 가계대출 총액은 692조 원이고, 그중 예금은행
의 가계대출 잔액이 410조 원으로 전체의 60%를 차지한다. 그 예
금은행이 2009년 3분기부터 가계대출을 줄여나가고 있다.

2009년 2분기에 은행은 가계대출을 8.2조 원 늘렸었는데, 3분기
와 4분기에는 각각 4.7조 원, 4.5조 원으로 증가액이 절반으로 감소
했다. 2010년 1분기 증가액은 1조 원에도 못 미치는 7000억 원에
그쳤다.

그런데 2010년 2분기에 이런 감소추세가 급변했다. 2분기에만
은행은 가계대출을 무려 8.6조 원이나 늘렸다. 은행이 갑작스레 대

출을 늘린 정확한 이유는 시간이 더 지나면 알 수 있겠지만, 부동산 하락속도가 심각한 수준임을 인지하고 그 속도를 조금이라도 늦춰보겠다는 의도일 수도 있다. 더 자세한 이야기는 다음 글에서 하기로 하겠다.

예금은행이 가계대출을 줄여가는 것과 정반대로 비은행예금기관과 기타 금융기관은 가계대출을 더 늘렸다. 그것이 2009년 2~4분기 가계대출이 전년 수준을 유지할 수 있었던 이유다. 특히 비은행예금기관의 가계대출 증가가 두드러졌는데, 비은행예금기관이란 저축은행, 단위농협, 신용협동조합, 새마을금고 등을 말한다.

가계대출 위험도는 높아지고 금리부담은 커지고

이런 현상이 시사하는 바는 무엇일까?

누구나 집을 살 때는 가장 먼저 은행을 찾는다. 은행이 대출을 거절하면 할 수 없이 저축은행, 단위농협, 신용협동조합, 새마을금고 등 비은행예금기관을 찾는다. 그 이유는 금리 때문이다. 은행이 아파트를 담보로 대출을 하는 금리는 2010년 6월에 평균 4.62%였는데, 단위농협이나 신용협동조합은 6.45~7.54%로 은행대출보다 2% 정도 더 높다.

대출금리는 신용도를 반영하여 결정된다. 그리고 은행이 대출을 거절하는 이유는 신용위험이 크다고 판단하기 때문이다. 그래서 은행대출이 거절되면 더 높은 금리를 부담하고라도 제2금융권에서 대출을 받는 것이다. 그러므로 2009년 3분기 이후 가계대출에 나타난 현상은 다음과 같은 상당히 중요한 점을 시사하고 있다.

'가계대출의 위험도가 높아지고 있고, 대출에 대한 금리부담도 높아지고 있다.'

2009년 2분기 이후 부동산 버블이 다시 불붙은 배경에는 가계의 신용위험이 이미 높은데도 불구하고 고금리대출을 늘려 아파트에 투자한 것이 한몫을 했던 것이다. 버블이 위험수위에 달하고 있음을 알리는 또 하나의 신호다.

02

버블 붕괴
시작됐다

'2006년 하반기에 집값이 하락세로 돌아서자 서브프라임 대출의 연체율이 상승하였고, 은행은 대출부실을 줄이기 위해 서브프라임 대출을 중단했으며, 그에 따라 집값하락이 가속화되었다.'

하도 많이 들어서 귀에 익었을 미국 서브프라임 버블이 붕괴되는 과정에 대한 글이다.

버블이 붕괴되는 과정을 가만히 들여다보면 버블이 형성되고 팽창하던 과정과 역순으로 진행되고 있음을 알 수 있다. 버블이 팽창할 때는 대출을 받아 집을 사고, 그래서 집값이 오르고, 집값이 오르자 더 많은 사람들이 대출을 받아 집에 또 투자하고, 집값은 더 급등하는 과정이 계속 되풀이된다. 그래서 대출은 무섭게 늘어나고 집값은 하늘 높은 줄 모르고 치솟는다.

은행은 무리하게 대출을 해줘도 집값이 올라 원금과 이자를 회수하는 데 아무 문제가 없으므로 공격적으로 대출을 확대한다. 개인과 은행이 모두 행복한 일이 확대재생산되는 선순환 과정이다.

어느 순간 집값이 하락으로 전환하면 모든 일이 반대로 돌아간다. 집값이 떨어지자 은행은 담보부족을 우려하여 대출회수에 나선다. 은행대출을 갚기 위해 집을 팔아야 하니 집값은 더 하락한다. 집값이 더 하락하면 담보부족이 또 발생하고 은행은 대출회수에 박차를 가하고……. 이런 악순환 과정이 바로 버블 붕괴 과정이다.

은행의 부실대출 급증

버블 붕괴를 촉발하는 것은 대출과 집값이다. 그리고 이 둘이 서로 상승작용을 하며 버블 붕괴 과정을 이끈다. 그러므로 대출과 집값의 움직임을 보면 버블 붕괴가 시작되었는지를 알 수 있을 것이다.

앞에서 보았듯이 가계대출의 60%를 점하는 은행들은 이미 대출 줄이기에 나선 모습이다. 2009년 3분기 이후 세 분기 연속 가계대출을 빠른 속도로 줄여왔다. 그동안 가계의 부채상환능력이 최악의 상태에 이른 것을 생각하면 은행의 대출 줄이기가 오히려 늦게 시작된 것이다.

2010년 2분기 은행이 가계대출을 갑작스레 늘린 이유가 무엇인지는 시간이 지나면 알게 되겠지만, 부동산 버블 붕괴의 진행속도가 심각한 것을 눈치 채고 이를 늦춰보려는 의도일 수도 있다. 거기에 더해 정부는 DTI 규제를 완화해서라도 또다시 가계의 '대출 받아 아파트 투자하기'를 부추길 태세다.

그러나 가계의 소득 대비 대출규모는 이미 세계 최고 수준에 도달해 있다. 은행과 정부가 또다시 대출을 확대해보려고 안간힘을 쓰더라도 가계는 그 위험성을 깨닫고 스스로 대출 줄이기를 시작했다.

은행의 최고경영진들이 대출을 늘릴지 줄일지를 결정할 때 가장

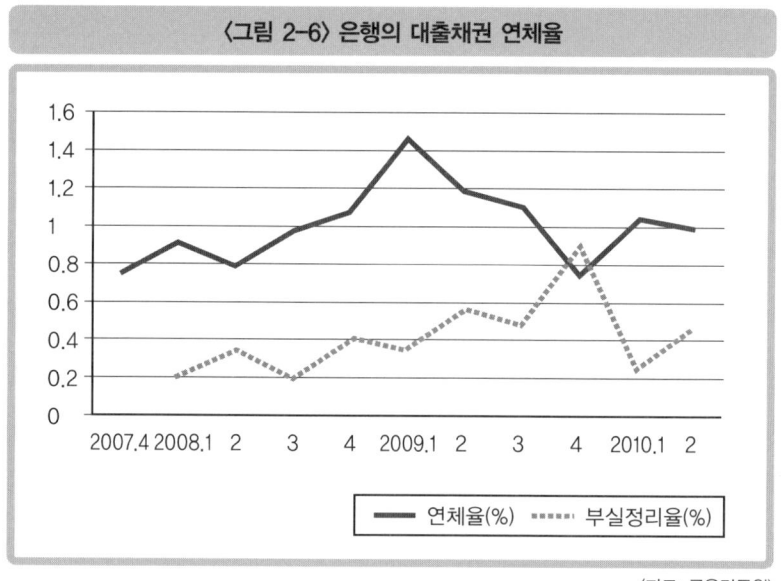

〈그림 2-6〉 은행의 대출채권 연체율

(자료: 금융감독원)

중요하게 고려하는 요소는 부실채권 발생이다. 그리고 그것을 보여주는 지표는 연체율이다. 〈그림 2-6〉은 은행대출의 연체율을 보여준다.

2009년 3월 이후 연체율이 안정되는 것처럼 보이지만, 실상은 대손상각과 부실채권 매각으로 부실채권을 크게 줄였기 때문이다. 부실정리율을 감안한 연체율은 전혀 안심할 수준이 아니다.

연체율보다 은행대출 부실화의 실상을 더 뚜렷하게 보여주는 지표는 부실대출의 발생규모다. 〈그림 2-7〉은 국내 은행의 신규 부실채권 발생 추이를 보여준다.

2007년에는 매 분기 3조 원 규모의 부실채권이 발생했는데, 2008년 4분기와 2009년 1분기에는 각각 9조 원이 넘는 부실채권

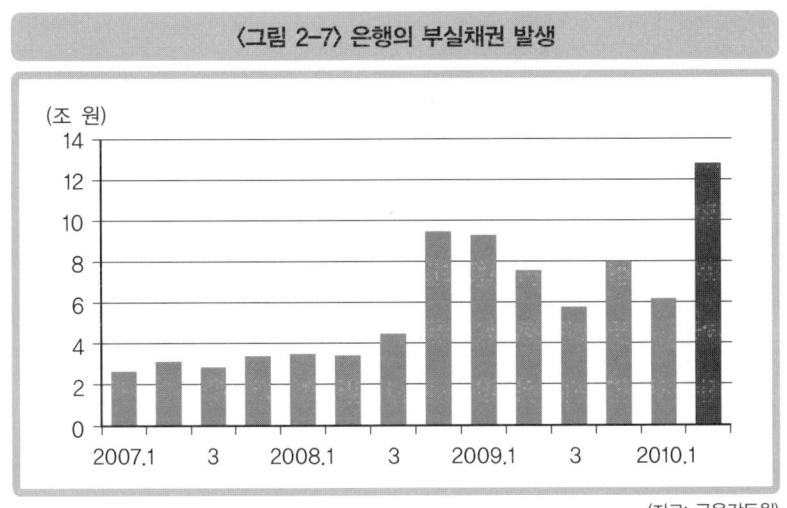

〈그림 2-7〉 은행의 부실채권 발생

(자료: 금융감독원)

이 발생하여 은행을 긴장시켰다. 2009년 2분기 이후 소폭 감소했음에도 2007년에 비해 두 배가 넘는 6~8조 원의 부실채권이 매 분기 신규로 발생했다. 그리고 2010년 2분기에는 12.8조 원으로 급증했다.

게다가 부동산 버블 붕괴가 2010년 2분기 이후 속도를 높여가고 있으므로 향후 부실채권 발생은 가속화될 것이다. 그리고 부실채권 발생이 급증하는 것을 두 눈으로 확인한 은행들은 서둘러 대출 줄이기에 돌입할 것이 분명하다.

제2금융권 공격적인 가계대출, 향후 신속한 대출축소 예상

2009년 3~4분기 은행들이 가계대출을 줄여갈 때 그 공백을 메운 것은 단위농협을 비롯한 제2금융권의 공격적인 대출확대였다. 그러나 그것도 더 이상 지속되기 어려운 상황이다.

제2금융권의 대출은 주로 은행대출을 못 받는 사람들이 대상이므로 은행에 비해 대출자의 신용도가 낮고 금리는 더 높다. 저축은행의 12%대 금리는 말할 것도 없고, 단위농협과 신용협동조합, 새마을금고 등도 은행보다 금리가 1.5~2% 정도 높다. 상황이 악화되면 대출부실이 더 빨리 증가할 수밖에 없다. 더욱이 은행과 달리 아파트시세의 80%까지 공격적으로 대출하였으므로 지금의 아파트값

하락추세가 굳어지면 연체율이 단기간에 급상승하고, 제2금융권은 즉시 대출축소를 시작할 것이다.

그동안 제2금융권이 얼마나 공격적으로 부동산담보대출을 해왔는지는 겪어본 사람은 다 안다. 아파트가격의 하락세가 굳어지기 전인 2010년 초 내가 사는 아파트 우편함에 투입된 어느 보험회사의 대출 권유 전단지를 보면 그 정도를 짐작할 수 있다.

〈○○○아파트 V.I.P. 담보대출 안내〉

평형	△△생명 담보대출	계열사 대출
55	3억 9천만 원 ~ 4억 8천만 원	6억 3천만 원
62	4억 5천만 원 ~ 5억 4천만 원	7억 2천만 원
금리	월 0.46% ~ 0.54%	월 0.62%

△△생명만의 최대장점 : **선순위대출 후 후순위대출 가능**

매매대출은 거래가의 80% 대출

※△△생명 담보대출만의 특별한 혜택

- 설정비 면제 가능
- 취급수수료 없음
- 고금리대출 저금리로 전환 가능
- 고객맞춤 다양한 상환방법

△△생명 성남지점 홍길동 팀장 010-3333-3333

눈길을 끄는 것은 금융계열사를 통해 아파트시세의 80%까지 대출을 해준다는 점이다. 그리고 대출금리는 7.5%로 은행에 비해 2% 이상 높았다.

만약 그 당시 누군가 시세의 80%까지 대출을 받아 아파트를 샀다면 지금쯤은 대출금액이 아파트시세를 초과하고 있을 것이다. 그것도 거래가 이루어진다는 가정 하에 말이다.

이런 사례는 비단 이 보험회사에 국한된 것이 아니라 대부분의 제2금융권에 공통된 현상이었을 것이다. 이 사례만으로도 향후 아파트의 가격하락이 조금만 더 지속되면 제2금융권의 부실대출이 빠르게 급증할 것임을 짐작할 수 있다. 그런 상황이 오면 제2금융권은 뒤늦은 위험관리를 위해 대출공급을 중단함은 물론 대출회수에 돌입할 것이 불을 보듯 뻔하다.

가계의 대출수요 감소한다

가계의 대출수요도 감소하고 있다.

2008년 말 급락했던 아파트시세가 2009년 초 강한 반등을 보였을 때는 상승세가 다시 살아날 것으로 판단하는 사람들이 많았다. 물론 정부와 부동산업계 종사자들 그리고 보수언론이 한목소리로 부동산 상승세의 부활을 외친 것이 큰 역할을 했다. 그 결과 사람들이 제2금융권의 높은 금리를 기꺼이 부담하면서 아파트에 투자했다.

그러나 2010년 들어 그런 생각이 바뀌기 시작했다. 전 세계 부동산이 추락하는데 한국만 급등한 데 따른 불안감, 감당할 수 없는 가계부채와 비합리적인 아파트값 등으로 부동산 버블이 지탱될 수 없다는 생각이 퍼져갔다. 그러자 '대출 받아 아파트 투자하기'의 열기가 급속하게 식어갔다.

이런 가계대출수요의 감소를 뚜렷하게 보여주는 것이 가계대출금리다. 대출금리란 대출시장에서 결정되는 일종의 가격이다. 그리고 여느 시장과 마찬가지로 대출시장에서도 '수요와 공급의 법칙'에 의해 가격인 대출금리가 결정된다. 즉 대출수요가 증가하면 대출금리가 오르고, 대출공급이 증가하면 대출금리는 내려간다.

〈그림 2-8〉은 예금은행의 신규 가계대출의 금리 동향을 보여준다. 2009년 초 금융시장이 안정을 찾아감에 따라 대출금리도 하향 안정되었다. 그런데 6월 이후 가계대출금리가 제법 가파른 상승세

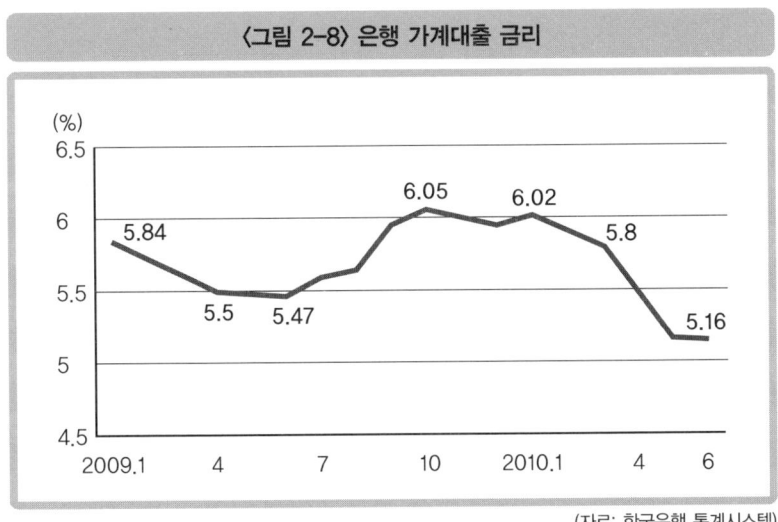

〈그림 2-8〉 은행 가계대출 금리

(자료: 한국은행 통계시스템)

를 보였다. 2009년 6월 5.47%였던 대출금리가 10월에는 6.05%까지 상승했다. 그 기간 중 정책금리는 2%로 변함이 없었는데, 왜 이런 현상이 나타났을까?

대출수요가 증가하여 금리가 상승한 것이다. 아파트 재상승에 대한 기대가 '대출 받아 아파트 투자하기'로 이어진 결과였다.

2009년 11월 이후에는 가계대출금리가 가파르게 하락했다. 이때는 은행이 가계대출의 위험도를 인지하고 대출공급을 줄여가는 시기였으므로 의아한 생각이 들 수도 있다. 대출공급이 줄면 가격인 금리는 상승해야 하는데 오히려 하락했으니까. 그 이유는 대출수요가 대출공급보다 더 빨리 감소했기 때문이다. 더 이상 아파트 투자로 수익을 낼 수 없다는 생각이 대출수요를 빠르게 감소시켰던 것이다.

흥미를 끄는 것은 2010년 4·5월이다. 대출금리가 3월의 5.8%에서 5월에는 5.16%로 두 달 만에 무려 0.64%나 급락했다. 그런데 가계대출은 급증했다. 이것이 의미하는 바는 무엇인가? 정확한 이유를 알기 위해서는 좀 더 시간이 지나야 하겠지만, 가계의 대출수요가 2010년 2분기에 증가한 것이 아님은 분명해 보인다. 왜냐하면 수요가 증가했으면 가격인 금리가 올라야 하는데, 대출금리가 급락했기 때문이다.

정부가 기준금리를 인상한 7월 9일 이후에도 금리는 오르지 않고 오히려 소폭 하락했다. 대출수요가 줄어들고 있음을 확실하게 보여준다.

그동안 긴가민가하던 가계들이 부동산 하락을 대세로 인지하고 있다는 증거다. 부동산 하락세를 확인하고 나서 뒤늦게 위험관리에 들어간 한국 가계의 모습을 가계대출금리 동향에서 읽을 수 있다.

가계대출의 수요와 공급이 동시에 감소하는 이런 현상은 상당 기간 지속될 것이다. 그리고 이런 현상은 2008년 금융위기 이후 미국 등 주요 국가들에서 나타난 현상이기도 하다. 글로벌 금융위기 이후 외국의 경제신문과 연구자료 등에 가장 많이 등장하는 용어인 디레버리징(deleveraging)이 바로 그런 현상을 말한다. 레버리징(leveraging)의 반대로 대출상환을 뜻하는 디레버리징이 미국 등 선진국보다 2년 늦게 한국 경제에서 일어나고 있는 것이다.

"저 아파트 30% 안 내리면 절대 못 팝니다"

버블 붕괴 과정의 또 다른 축인 집값 동향을 보자.

집값이 이미 하락추세를 굳혀가고 있는 것은 더 이상 논란거리도 아니다. 버블이 팽창할 때는 집값이 더 오를 거라며 서둘러서 집을 사야 한다고 노골적으로 부추기던 보수언론들마저 집값하락이 위험할 정도라며 정부에 또 다른 부동산 부양책을 촉구할 지경이다.

〈그림 2-9〉는 국토해양부의 '수도권 전체 아파트의 실거래가 지수'이다. 2009년 큰 폭으로 올랐던 실거래가격이 2010년 들어 하

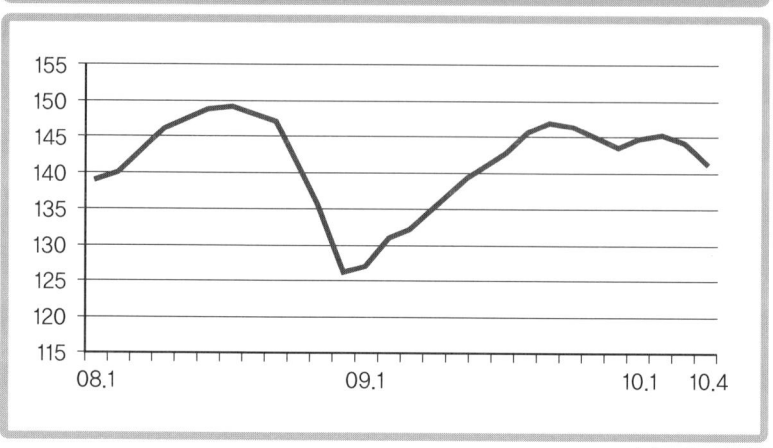

(자료: 국토해양부)

락세를 보이고 있다.

1~3월 큰 변화가 없던 아파트가격이 4월에는 제법 큰 폭으로 떨어졌다. 이를 계기로 아파트가 계속 오를 거라고 큰소리치던 사람들이 말을 바꾸었다. 집값이 조정을 받는 지금이 집을 매수할 적기라나. 그러나 그 따위 말에 귀 기울일 사람은 더 이상 없을 것이다. 시간이 지나 5월 이후의 실거래가가 발표되면 아마 하락폭이 너무 커서 충격을 받는 사람들이 있을지도 모른다.

미분양 아파트가 전국에 11만 호를 넘는다. 물론 통계에 잡히지 않은 것까지 포함하면 훨씬 더 늘어날 것이다. 미분양이 급증한 것은 가격이 너무 높아 매수세가 감소했기 때문이다. 미분양 물량이 소화되기 위해서는 가격을 크게 낮추는 방법밖에 없다.

지난 2010년 6월 9일 KBS의 〈추적 60분〉에서 방영한 '아파트 대세하락 시작됐나?'에 나온 어느 중개업자의 말이 이를 생생하게 입증한다.

"손님들이 분양가 보고 '미쳤어' 하고 그냥 가요. 아예 거들떠도 안 보는 거예요. 관심도 없고. 지금 미분양은 사망이라고 보시는 게 맞죠. 저 아파트 30% 안 내리면 절대 못 팝니다."

지금 아파트시장이 어떤 상황인지를 이처럼 생생하게 전해주는 목소리가 또 있을까? 고가분양은 이미 사망했다고 한다. 분양가에서 30%를 내려야 팔리는 상황이 현실인 것이다. 미분양이란 공급과잉의 한 형태이고 공급과잉을 해결하는 방법은 가격을 낮추어 수요를 증대시키는 것이라고, 현장에서 수요와 공급을 피부로 느끼는 사람이 진단과 처방을 내리고 있다.

2010년 5~7월 수도권 아파트 2만 5000호 거래

가격하락보다 더 심각한 것은 거래량 감소다. 부동산 버블이 정점에 달했던 2006년 11월 한 달 아파트 거래량은 9만 호에 달했다. 수도권 아파트만도 6만 호가 넘게 주인이 바뀌었다. 2009년 11월과 12월에도 수도권에서 각각 4만 5000호의 아파트가 거래되었다. 그때까지는 '대출 받아 아파트 투자하기'의 열기가 남아 있었던 것이다.

2010년 8월 17일 국토해양부가 발표한 자료를 보면 상황이 심각하다. 2010년 5~7월의 3개월간 모두 합해 9만 5000호밖에 거래가 되지 않았기 때문이다. 그 기간 동안 수도권의 아파트는 고작 2만 5000호만 주인이 바뀌었다. 2010년 5~7월의 3개월간 수도권의 아파트 거래량이 2006년 11월 한 달 거래량의 절반에도 못 미쳤던 것이다.

거래량이 급감한 것은 매수수요가 급감했기 때문이다. 거래량이 급감한 상황에서 아파트를 팔려는 사람은 늘어나고 있으니 어느 시점에서는 가격이 급락하는 현상이 나타날 수밖에 없다.

사상 최저 금리에서 시작된 버블 붕괴

정말 심각한 일은 따로 있다. 사상 최저 금리인 상황에서 부동산이 무너져 내리고 있다는 사실이다.

미국은 정책금리를 1%에서 5.25%까지 17차례나 인상을 한 후 버블 붕괴가 시작되었다. 금융긴축으로 유동성 공급이 중단되고 가계의 금리부담이 급증하자 버블이 붕괴되기 시작했다. 그러나 한국은 사상 최저 금리를 무리하게 유지하고 있는 상황에서 버블 붕괴가 시작되었다. 아직 가계의 금리부담은 지극히 낮은 수준에 머물고 있는데 말이다.

그 이유는 분명하다. 버블이 도저히 더 커질 수 없는 한계에 이르렀기 때문이다. 버블이 자신의 무게를 견디지 못하고 스스로 무너져 내리는 상황이다. 무엇보다 버블의 불쏘시개인 가계부채가 더 증가할 수 없을 정도로 심각한 지경이 되었다. 버블이 더 이상 지탱할 수 없게 된 것이다. 게다가 MB정부는 버블 붕괴를 두 눈으로 지켜보면서도 금리를 인상해야만 하는 상황이고……. 금리인상에 대해서는 잠시 후에 자세히 이야기하도록 하겠다.

버블을 키웠던 두 힘인 대출과 집값이 이미 역방향으로 회전하기 시작했다. 한국 자산시장의 버블 붕괴는 이미 시작되었다. 아직 많은 사람들이 버블 붕괴가 시작된 걸 느끼지 못하고 있는 것은 그들이 대출상환 독촉을 받지 않았고, 자기가 보유한 아파트의 진짜 시세를 모르고 있기 때문이다.

대다수 사람들이 아파트시세를 확인하는 방법은 아파트 단지 안에 있는 부동산중개소 유리창에 써 붙인 가격표를 통해서다. 내가 사는 아파트의 시세 역시 부동산중개소의 유리창에는 2009년 말 시세에서 조금도 변함이 없다. 7개월 전에 써 붙인 종이를 아예 바꾸지 않아서 색깔이 변색된 형편이다. 그 시세를 보며 스스로 위안을 삼고 있기에 버블 붕괴가 시작된 것을 실감하지 못할 뿐이다.

한국의 아파트 버블은 이미 붕괴국면으로 접어들었다. 다만 아직 집값하락이 대출축소를 불러오고, 대출축소가 다시 집값하락을 가속화시키는 악순환 과정이 시작되지 않았을 뿐이다. 그러나 그 악순환이 시작되는 데도 많은 시간이 남지 않은 것 같다.

부동산시장의 선행지표인 대형 프로젝트의 좌초

대출축소와 집값하락 말고도 버블 붕괴를 알리는 징후들이 이곳저곳 가리지 않고 튀어나오고 있다. 정작 가장 큰 소리를 내며 무너지고 있는 분야는 대형 프로젝트들이다.

총사업비 31조 원으로 단군 이래 최대 도시개발사업인 용산역세권 개발의 좌초가 대표적이다. 2007년 8월 뜨거운 경쟁 속에 사업 수주에 성공했던 이 사업이 좌초한 근본원인은 부동산시장의 침체다. 당초 기대했던 엄청난 이익은커녕 엄청난 손실을 낳을 것으로 전망되는 이유가 바로 부동산의 버블 붕괴이기 때문이다.

이것 말고도 판교 알파돔시티, 양재동 복합터미널 사업 등 수조 원이 들어가는 대형 프로젝트 사업들이 줄줄이 굉음을 내며 좌초하고 있다. 대한건설협회 자료에 의하면 2010년 8월 현재 진행 중인 대형 프로젝트 사업은 총 50건에 사업규모는 120조 원에 이르는데, 이 중 몇 개를 제외하고는 제대로 진행되는 사업이 없는 형편이다.

대형 프로젝트의 좌초는 일반인들에게 의미심장한 메시지를 전해준다. 그것은 향후 부동산경기가 더 나빠질 것임을 말해준다. 대형 프로젝트의 사업자들은 부동산경기가 잠시 나빠졌다고 해서 사업을 쉽게 포기하지 않는다. 많은 노력과 비용을 들여 수주한 사업이기 때문이다. 프로젝트 사업을 일반인에게 분양을 해야 하는 2~3년 후의 부동산경기가 어떨지를 판단하여 사업진행 여부를 결정한다. 그래서 대형 사업의 성패는 부동산시장의 선행지표와 같다.

그런데 이미 투입된 수천억 원을 포기하면서 발을 빼고 있다. 국내 굴지의 대기업과 대형 건설사들이 몇 년 후의 부동산경기를 아주 나쁘게 보고 있다는 징표다.

LH공사의 부실과 토지보상금의 역류

한국토지주택(LH)공사가 118조 원에 이르는 부채를 짊어지고 이자만도 하루에 80억 원이 넘는 대형 부실기관으로 전락한 것도 부동산 버블 붕괴를 알리는 커다란 징후다.

LH공사는 택지개발, 신도시 건설, 뉴타운 사업 등 414곳의 사업장 가운데 아직 사업에 착수하지 않은 120여 곳의 신규사업을 없던 일로 하겠다고 한다. 그 파장은 실로 엄청나다.

부동산에 유동성을 공급하던 가장 큰 창구가 문을 닫는 것이다. 그동안 보수언론이 '부동산 불패 신화'를 지탱하는 가장 큰 주춧돌로 거론하곤 했던 토지보상비가 더 이상 공급되지 않게 되었다.

그뿐만이 아니다.

"땅 팔고, 주택 팔고······ '다 팝니다.'"

2010년 8월 18일자 국내 신문의 머리기사 제목이다. '엄청난 부채 문제로 비상경영을 선포하고 나선 LH공사가 미분양 토지와 주택을 해소하기 위해 특별판촉전에 나섰다'는 내용이 뒤따른다. 토지와 주택을 세일하기 위해 8쪽 분량의 안내자료도 배포하고 무이자할부 등 다양한 인센티브도 제공한다고 한다.

토지보상비라는 버블의 불쏘시개를 무제한 공급할 것 같던 LH공사가 이제는 보유한 토지를 서둘러 팔기 위해 판촉전에 나서고 있다. 시중 유동성이 LH공사로 빨려드는 것이다.

대형 프로젝트의 좌초나 LH공사와 같은 공공사업기관의 부실화는 버블 붕괴가 한참 진행된 단계에서 터져 나오는 것이 일반적이다. 그런데 지금 그런 붕괴의 굉음이 들리는 것은 생각보다 상황이 더 심각함을 알리는 신호다. 조금만 눈을 크게 뜨고 귀를 기울이면 누구라도 버블 붕괴의 징후를 눈치 챌 수 있는 상황까지 온 것이다.

03

'전세의 부채 논쟁'과
'역월세'

'전세보증금은 부채인가 아닌가?' 심심
치 않게 불거지는 이 전세 논쟁의 결론이 어느 쪽으로 맺어지느냐
는 실로 중대하다. 전세보증금을 부채로 보는 경우 가계부채가 상
상을 초월할 정도로 급증할 것이기 때문이다.

글로벌 금융위기가 터진 2008년부터 외국의 연구기관들이 한국
경제를 진단할 때마다 가계부채의 위험성을 가장 심각하게 지적하
곤 했다. 금융위기의 근본원인이 과다한 가계부채였기에 그 기관들
이 보기에는 한국 가계의 지나치게 높은 부채수준이 대단히 위험하
게 받아들여졌을 것이다. IMF나 OECD처럼 각국의 경제상황을 진
단하는 국제기관들은 물론이고, 대형 투자은행들의 한국 경제 분석

보고서들도 가계부채를 잠재 위험요인의 첫 줄에 올려놓곤 하였다. 물론 한국 정부에게 가계부채를 줄여나가라는 친절한 권고도 빼놓지 않았다. MB정부가 이런 권고를 귀담아듣기는커녕 가계부채를 공격적으로 늘리는 청개구리 행태를 지속한 것은 더 이상 길게 말하지 않겠다.

한국의 가계부채가 위태로울 정도로 많다고 지적한 외국 연구기관들이 한국 가계의 부채를 산정할 때 전세보증금은 포함하지 않았다. 그것은 전세제도가 한국에만 유일하게 존재하는, 그들로서는 생소한 제도였기 때문이었다. 만약 그들이 전세제도를 알았다면 어땠을까? 아마 그들의 반응은 경악에 가까웠을 것이다.

정작 놀라운 것은 국내 연구기관들마저 이 문제를 회피하고 있다는 점이다. 2010년 들어 부동산 버블이 붕괴 조짐을 보인 후에야 가계부채 문제를 언급하기 시작한 국내 경제연구소들은 전세보증금에 대해 아예 입도 뻥긋하지 않고 있다. 외국 연구기관과 달리 그들은 누구보다 전세제도의 특수성을 잘 알고 있을 텐데도 그것을 일부러 외면하고 있다.

그러나 문제의 본질을 회피할수록 안쪽 깊은 곳에서 더 큰 병이 자라나는 것은 경제현상이나 사람의 인체나 다를 바가 없다.

전세가 부채냐 아니냐의 판단은 부채의 개념이 무엇인지를 알면 금방 내릴 수 있다. 부채란 '갚아야 하는 돈'이다. 달리 표현하면 빚이고, 채무다. 전세보증금을 갚지 않으면 상대는 압류와 경매라는 법적 조치를 통해 그것을 돌려받을 수 있다는 점에서 여느 채무와 다를 바가 없다. 전세보증금은 다른 채무와 달리 이자를 부담하지 않는다는 점 하나만 다를 뿐이다.

가계를 기업에 비유하면 개념이 더 분명해진다. 기업의 재산상태를 한눈에 볼 수 있도록 나타낸 것으로 '대차대조표'가 있다. 대차대조표란 기업이 보유한 총재산을 부채와 자기자본으로 구분하여 보여줌으로써 기업의 재산상태가 어떤 상황인지를 알려주는 도구다.

〈그림 2-10〉 A기업의 대차대조표

| 총자산
(100억 원) | 부채
(50억 원) |
| | 자기자본
(50억 원) |

이 대차대조표의 개념으로 B라는 가계의 재산상태를 표현해보자.

B라는 가계가 시세 5억 원인 아파트 두 채를 보유하고 있는데, 그중 한 채에는 대출 3억 원이 있고, 다른 한 채에는 대출 1억 원과 전세보증금 2억 원이 있다고 하자.

B가계의 총자산은 10억 원이다. 이 10억 원이 모두 내 돈은 아니다. 빌린 돈이 포함되어 있기 때문이다. 총자산을 '내 돈'과 '남의 돈'으로 구분하는 것이 대차대조표다. '남의 돈'이 바로 부채이고, '내 돈'은 자기자본이다.

다른 가계 C의 경우를 보자. C가계는 시세가 5억 원인 아파트 한 채만 보유하고 있고, 대출은 없다. C가계의 대차대조표는 〈그림 2-12〉와 같다. 총자산 5억 원, 자기자본 5억 원이다.

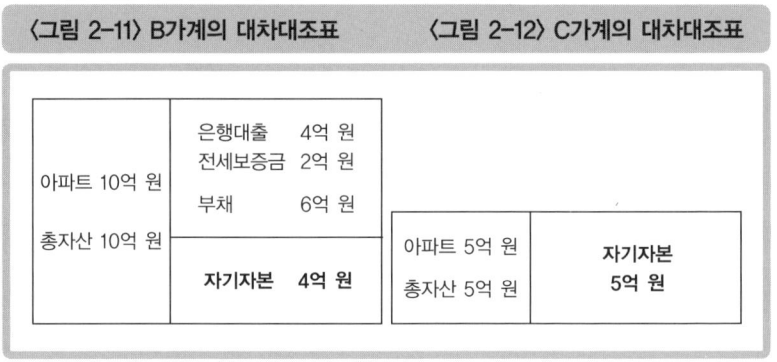

〈그림 2-11〉B가계의 대차대조표　　〈그림 2-12〉C가계의 대차대조표

우리 주위에서 흔히 볼 수 있는 B와 C 두 가계를 비교하는 일은 흥미롭다. 총재산은 B가계가 C가계보다 두 배나 많다. 그렇다고 더 부자는 아니다. 중요한 것은 자기자본이다. 자기자본이 5억 원인 C가계가 4억 원인 B가계보다 1억 원 더 부자다.

향후 아파트시세가 변하면 어떻게 될까? 아파트가격이 40%, 즉 2억 원 오르는 경우를 보자. B가계는 총자산이 14억 원이 되고, 부채는 변함이 없으므로 자기자본이 8억 원이 된다. 4억 원의 재산이 증가했다. 그에 반해 C가계는 총자산과 자기자본이 각각 2억 원씩 증가했다. 아파트시세가 오르자 내 돈이 4억 원이었던 B가계가 내 돈이 5억 원이었던 C가계보다 무려 2억 원이나 돈을 더 벌었고, 또 자기자본이 더 많아졌다. 이것이 바로 레버리지(leverage)의 매력이다.

〈그림 2-13〉 아파트가격이 40% 오를 때 B와 C가계의 대차대조표

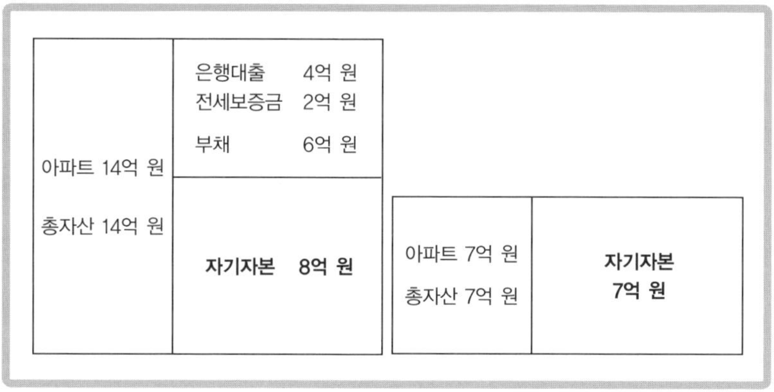

아파트 14억 원 총자산 14억 원	은행대출　4억 원 전세보증금　2억 원 부채　6억 원		
	자기자본　8억 원		
		아파트 7억 원 총자산 7억 원	자기자본 7억 원

금융에서 레버리지란 내 돈으로 할 수 없는 일을 남의 돈을 빌려 하는 경우를 말한다. C가계는 레버리지를 활용하지 않았으므로 아파트가격이 오른 만큼 자기자본이 증가했는데, 레버리지를 활용한 B가계는 훨씬 더 많은 자기자본이 증가했다.

물론 레버리지는 반대 방향으로도 작용한다. 아파트시세가 40% 하락할 경우를 보자. C가계는 아파트가격이 하락한 2억 원만큼 자

기자본이 감소한다. 그런데 B가계는 레버리지 효과에 의해 자기자본이 4억 원 감소한다. 그래서 자기자본이 흔적도 없이 사라진다. 레버리지의 무서움을 확인하는 순간이다.

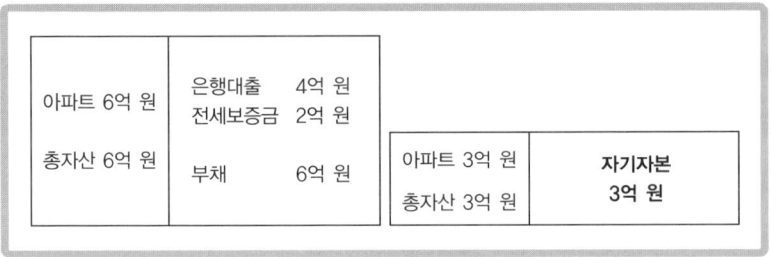

〈그림 2-14〉 아파트가격이 40% 하락할 때 B와 C가계의 대차대조표

B가계의 사례가 우리에게 말해주는 점은 이렇다.

"전세보증금 1억 원과 은행대출 1억 원은 그 레버리지 효과가 똑같다."

바꿔 말하면 은행대출이 6억 원 있는 가계나 대출은 없는데 전세보증금을 6억 원 가진 가계나 아파트가격 하락으로 직면하게 될 위험의 크기는 같다는 말이다. 레버리지 효과가 같기 때문이다.

레버리지란 개별 가계나 기업에게만 중요한 요소가 아니다. 국가경제 전체의 레버리지가 어느 정도인지는 더 중요하다. 흔히 서브프라임 버블 시기의 미국 경제를 '레버리지 경제'라고 불렀다. 미국이라는 국가의 부채가 많아서 그랬던 것이 아니다. 경제주체들,

그중에서도 가계의 부채가 과다했기에 그렇게 불렸던 것이다.

한국 경제의 현주소가 어디쯤인지, 위기 발생 가능성은 어느 정도인지를 판단할 때도 이 레버리지 비율이 중요하다. 그리고 한국 경제의 레버리지 비율은 한국 가계와 기업의 레버리지 정도로 판단한다. 아울러 한국 가계의 레버리지 정도를 가늠할 때 가계의 대출뿐만 아니라 전세보증금까지 합해서 계산해야 한다.

향후 아파트가격이 40% 하락하면 B가계는 파산할 수밖에 없고, B가계와 같은 처지의 가계들의 파산이 모이면 금융과 경제에 위기가 발생할 것이기 때문에 논리적으로나 현실적으로나 당연한 결론이다.

아직도 전세보증금이 부채가 아닐지도 모른다고 의심하는 사람들에게는 최근 새롭게 등장한 신조어인 '역월세' 이야기를 들려주겠다. 그런 의심이 한여름 새벽안개 걷히듯 걷힐 것이다.

'역전세난' 이란 말은 많이 들어보았지만 '역월세' 라는 말은 생소할 것이다. 말 그대로 월세의 반대가 역월세다. 집주인이 세입자에게 월세를 주는 것이 역월세다.

이는 '역전세난' 의 결과 발생한 현상이다. 전세가격이 하락하는데 무리하게 아파트에 투자한 집주인들이 전세보증금을 돌려줄 여력이 없게 되자 역월세를 제안한 것이다. 하락한 전세보증금 차액에 대한 이자를 세입자에게 매달 지급하는 것이 역월세다.

드디어 전세보증금이 이자를 물어야 하는 채무로 변한 것이다. 월세를 계산하는 기준금리가 은행대출 이자율보다 높으므로 은행대출보다 더 악성부채라 할 것이다.

역월세의 상황까지 오게 되면 전세가 부채가 아니라고 말할 사람은 더 이상 없을 것이다. 그러나 앞에서 충분히 밝혔듯이 역월세가 아니어도 전세보증금이 가계부채라는 데는 이론의 여지가 없다. 역월세는 단지 그 사실을 확인시켜주는 것일 뿐이다.

'부동산 경매로 돈 벌기' 함정에 빠지다

경매시장으로 돈이 몰리고 있다는 기사가 심심치 않게 시선을 끈다. 부동산 붐이 꺼질 때면 으레 나타나던 현상이기에 그리 신기한 일은 아니다. 지금처럼 경제가 불황일 때는 사업이 실패하거나 혹은 무리하게 부동산에 투자하였다가 금융비용을 견디지 못한 사람들이 여기저기 생겨나므로 경매물건이 자연히 많아진다.

경매물건이 늘어나면서 경매시장을 찾는 사람들도 빠른 속도로 증가하고 있다고 한다. 더 싼 가격에 내 집을 마련할 수 있다는 기대를 갖고 경매시장을 찾는 서민들도 있을 것이고, 또 돈을 벌어보겠다는 야무진 꿈을 안고 경매시장에 뛰어드는 투자자도 늘고 있다. 서점의 재테크 코너에 쏟아져 나오는 경매 관련 서적들이 일반인들의 발걸음을 경매시장으로 재촉하는 촉매 역할을 하기도 할 것이다.

경매로 돈을 벌려는 사람들이 많아진다는 기사를 접할 때마다 떠오르는 장면이 있다. 2010년 6월 28일 공부 삼아 수원지방법원의 경매법정을 참관했던 기억이다. 나로서는 첫 경험이었기에 더 강한 인상으로 다가온다.

빗발이 드문드문 땅을 적시고 있었고, 광교신도시 건설로 여기저기 파헤쳐진 수원지방법원 주변의 길들은 말 그대로 진흙탕이었다. 게다가 주차시설도 부족하여 큰길가에 불법주차를 해야만 했고, 경매의 현장을 지켜보는 두 시간 동안 견인에 대한 불안감으로 마음은 조마조마하였다.

그럼에도 불구하고 발길을 옮기지 못한 것은 경매법정의 뜨거운 분위기 때문이었다. '집에서 쫓겨나야 하는 집주인들의 피눈물을 생각하면 마음이 아프다'는 따위의 감상은 아예 발붙일 자리가 없을 정도로 열기가 후끈 달아올라 있었다. 그곳은 물리적으로도 입추의 여지가 없을 정도였다. 절반 정도의 사람들이 나처럼 공부 삼아 와본 것으로 보였는데, 그들을 포함하여 법정 안은 그야말로 바늘 하나 더 꼽을 수 없을 정도로 꽉 차 있었다.

뜨거운 열기는 입찰결과에도 그대로 반영되었다. 입찰경쟁률이 생각보다 높았고, 낙찰가도 내가 당초 예상했던 것보다 훨씬 높게 결정되었다. 입찰자들 중 최고가로 써낸 낙찰가격이 판사의 입을 통해 불려질 때마다 '저런 가격으로 낙찰을 받으면 안 될 텐데' 하는 생각이 치솟았고, 차츰 어리둥절한 마음으로 변하였다.

나의 첫 경매법정 참관기의 인상은 소액일수록 경쟁이 치열하고, 당연히 낙찰률도 높다는 것이었다. 집을 조금이라도 더 싸게 구입하기 위해 경매시장을 찾는 서민들이 많아서일까? 그보다는 신문 기사에 나오듯이 경매로 돈을 벌려는 초보 투자자들이 늘어나면서 적은 돈으로도 투자할 수 있는 물건들의 인기가 높아진 때문일 것이다. 서점의 재테크 코너를 가득 메우고 있는 '경매로 10억 벌기' 류의 책들이 이런 이상 현상을 더 부채질하고 있기도 할 것이고.

그날 수원지방법원의 경매법정에서 가장 경쟁률이 높았던 3개의 경매물건은 모두 2억 5000만 원을 넘지 않았다. 저축은행을 통해 낙찰금액의 70~80%를 대출 받을 수 있으므로 실제 부담할 금액은 5000만 원 이내였다.

그날 경매에서 성공적으로 낙찰을 받은 투자자들은 속으로 회심

경매물건	감정가	최저가	낙찰가
수원시 장안구 조원동 한일타운아파트 33평형	3억 원	1.92억 원	**2.44억 원**
수원시 장안구 영화동 다세대주택 30평	1.5억 원	0.96억 원	**1.35억 원**
용인시 처인구 고림동 이삭아파트 33평형	1.8억 원	1.15억 원	**1.41억 원**

의 미소를 지었을 것이다. 이제 시세보다 싼 가격으로 낙찰 받은 아파트를 팔아서 이익을 챙기는 일만 남았다고 생각했을 것이다. 몇 가지 절차만 마무리되면 곧장 부동산중개소로 달려갈 것이고, 자신이 낙찰 받은 가격보다 10% 정도 높은 가격으로 내놓을 것이다. 그리하여 경매비용을 제하고도 상당한 금액의 돈을 챙길 수 있을 테니, '돈 벌기가 참 쉽구나……' 라는 생각에 들떠 있었을지도 모른다. 앞으로의 일들이 계획대로 진행되기만 한다면…….

그러나 그 투자자들이 바라던 대로 일이 진행되지 않을 것 같다는 게 경매법정에서 낙찰가격이 발표되는 순간 내 뇌리를 스친 생각이었고, 그것은 곧 사실로 확인되었다. 경매가 끝나자마자 〈벼룩시장〉을 통해 확인한 결과 그 투자자들은 이익은커녕 손실을 볼 가능성이 더 크다는 것을 알게 되었기 때문이다.

입찰경쟁률이 가장 높았던 3건 중 '수원시 장안구 조원동 881 한일타운아파트 131동 3층 303호 전용면적 85㎡(33평형)' 의 경우를 보자. 경매에서 투자자가 낙찰 받은 가격은 2억 4388만 원이었다. 그런데 2010년 6월 25일자 〈수원 벼룩시장〉에는 그 한일타운아파

조원동 한일타운아파트 116동 로얄층 108㎡(33평형)

5282세대 99년 건축
시세 3억 300만, 급매가 2억 5000만 전화상담환영 「XX부동산」

_2010.6.25자 〈수원 벼룩시장〉에서 인용

트의 33평형 매물이 2억 5000만 원에 나와 있다.

그러므로 경매에서 낙찰 받은 투자자가 자신의 의도대로 낙찰가에 10%의 이익을 얹어 2억 6800만 원에 매물로 내놓는다면 팔릴 가능성은 전혀 없는 상황이었다. 그 가격에 팔리기 위해서는 부동산시장이 상승세로 돌아서야 할 텐데 여러 상황을 종합해보면 그럴 가능성은 아주 낮았다. 오히려 시간이 지날수록 매물은 증가하고 더 낮은 가격에라도 팔려는 사람들이 늘어날 가능성이 더 컸다.

게다가 경매에는 적지 않은 비용이 수반될뿐더러 경매로 취득한 아파트가 팔릴 때까지 부담하는 금융비용까지 감안하면 매도가격을 더 낮추기도 어렵다. 그러니 이익은커녕 상당한 금액의 손실을 볼 가능성이 높은 것이다.

그런 상황에서 왜 그 가격에 낙찰을 받았을까? 아무리 생각해보아도 내 머리로는 도저히 이해할 수 없는 황당한 일이었다.

또 다른 경우를 보아도 사정은 다르지 않았다. 입찰경쟁률이 높았던 또 하나의 경매물건인 다세대주택을 보자. 수원시 장안구 영화동 소재 다세대주택으로 전용면적이 22.47평형이었다. 아파트로 치면 30평형에 해당된다. 이 다세대주택의 낙찰가는 1억 3500만 원이었다. 평당 450만 원인 셈이다.

2010년 6월 25일자 〈수원 벼룩시장〉을 보면 수원에만 팔려고 내놓은 아파트가 100채가 넘었고, 단독과 다세대주택도 51채나 되었다. 그 외에도 빌라와 연립주택이 145채 나왔고, 상가주택 42채도

매물로 나왔다. 경매에 나온 다세대주택과 같은 지역인 장안구만 해도 아파트와 다세대, 빌라들의 매물이 100여 채에 달했다. 그중에서 싼 가격에 내놓은 아파트를 보면 26평이 1억 4000만 원에 급매물로 나오기도 했고, 심지어는 26평을 9900만 원에 팔려고 내놓은 집주인도 있었다.

일반적으로 같은 평수라면 아파트보다 다세대주택의 가격이 30% 정도 싸고, 다세대주택 30평보다는 아파트 26평의 가격이 더 높게 형성된다. 그러니 다세대주택 30평을 1억 3500만 원에 낙찰 받아서는 절대 수익을 낼 수 없는 일이었다.

혹시 그 지역이 재개발이나 뉴타운 같은 호재가 있다면 이야기가 달라지겠지만, 그럴 가능성은 없었다. 왜냐하면 그런 호재가 있었다면 그 지역의 다른 아파트와 다세대주택이 그 정도로 낮은 가격에 쏟아져 나오지 않았을 것이기 때문이다.

경매에서 낙찰 받은 사람이 수익을 목적으로 하는 투자자가 아니라 실수요자인 서민이라 하더라도 사정은 달라지지 않는다. 복잡하고 시간도 많이 걸리는 경매에 참가하지 않고 〈벼룩시장〉에 나온 급매물을 선택하였더라면 훨씬 더 싼 가격에 구입할 수 있었을 것이다. 더구나 집주인이 부도가 나고 그 집이 경매에 나오기까지는 8개월 이상이 소요되므로 여기저기 훼손된 곳이 많을 것이고 수리비용이 만만치 않을 것이다. 구태여 비용이 추가되고 골치도 아픈 경매를 통해 더 비싼 가격에 집을 구입할 필요가 있었을까?

이 불가사의해 보이는 현상이 왜 생겼을까? 더 싼 가격을 놔두고 복잡하고 위험도 따르면서 가격도 비싼 방법으로 부동산을 구입하는 경우는 뭐란 말인가? 내가 미처 모르는 어떤 사실이라도 있는 것인가? 이런 생각에 깊이 잠길 수밖에 없었고, 경매투자자들의 의사결정 과정을 하나하나 되짚어보게 되었다.

그리고 내가 도달한 결론은 자못 심각한 것이었다. 지금 대한민국 부동산시장의 부조리한 현실이 경매시장을 통해 가감 없이 드러나고 있다는 것이 내가 내린 결론이었다. 왜 그런지 간추려 이야기하면 이렇다.

경매참가자들의 투자전략은 지극히 단순하다. 시장가격보다 낮은 가격으로 낙찰을 받아 시장가격에 매도함으로써 이익을 챙기는 것이다. 모든 투자가 그러하듯 경매 역시도 싸게 사서 비싸게 팔면 이익이 생기는 것이니까.

다만 경매의 과정은 복잡하고 시간도 오래 걸릴뿐더러 적지 않은 비용이 수반된다. 예상했던 것보다 매각이 늦어지면 상당한 금액의 금융비용이 추가로 발생하기도 하고, 또 충분한 주의를 기울이더라도 전혀 생각지 못한 법적인 문제가 튀어나와 심적 고통은 물론 큰 손실까지 불러올 수도 있다.

경매경력이 20년이 넘는 어느 경매고수의 말처럼 "경매에서 추가비용이 얼마가 될지는 아무도 모른다"는 것은 경매투자의 기본이다. 그러므로 시장가격보다 최소한 10%는 낮게 낙찰을 받아야만 경제성이 확보될 수 있다.

그러므로 경매투자의 성공을 위해서는 정확한 시세파악이 무엇보다 중요하다. 경매투자자들이 시세를 파악하는 경로는 크게 두 가지다. 먼저 인터넷의 부동산 사이트에서 시세를 파악한다. 대표적인 곳이 국민은행이 고시하는 'KB아파트시세(http://land.kbstar.com)'이다.

'KB아파트시세'에서 한일타운아파트의 시세를 조회하면 다음과 같은 내용이 나온다. 전용면적 85㎡(33평형) 아파트의 시세가 최고 3억 5000만 원에서 최저 2억 7000만 원에 형성되어 있다.

단지 시세 〈매매가〉

면적/전용(m²)	하위평균가	일반평균가	상위평균가
109.09/84.77	27,000만원	30,750만원	35,000만원

경매투자자들이 시세를 확인하는 두 번째 경로는 현지 부동산중개소다. 매수자인 척 전화를 하여 시세를 확인하는 것이다. 돌다리도 두들기고 나서 건너는 성격의 투자자라면 현지 부동산중개소를 직접 방문하기도 할 것이다.

경매 당일 집으로 돌아오는 길에 한일타운 부근의 부동산중개소를 들러 직접 확인한 시세는 국민은행의 시세와 같은 수준이었다.

인터넷과 현지 부동산중개소를 통해 꼼꼼하게 시세를 확인했다고 믿고 있는 투자자는 자신 있게 입찰가격을 결정할 것이다. 국민은행과 부동산중개소가 알려준 것 중 가장 낮은 가격인 2억 7000만 원에서 10%를 낮춘 2억 4388만 원이 그렇게 결정되었을 것이다.

이처럼 자기 나름의 원칙을 따져가며 실행한 경매전략에서 왜 문제가 발생한 것일까? 그것은 투자자가 잘못된 시세정보를 근거로 경매투자를 실행했기 때문이다.

국민은행 등 인터넷 사이트와 부동산중개소가 '시세'라고 말하는 가격은 거래가 이루어지는 가격이 아닌 지 오래되었다. 국토해양부의 실거래가를 확인해봐도 알 수 있다. 위의 한일아파트는 2010년 2월과 3월 그리고 6월에 각각 2억 5000만 원에 거래가 되었다. 실거래가 등록기간이 거래 후 60일인 점을 감안하면 5월 이후 이보다 더 낮은 가격에서 성립된 거래도 있을 것이다. 그리고 〈벼룩시장〉과 같은 곳에 그보다 낮은 가격의 급매물이 나와 있으니 그들이 말하는 '시세'에 팔릴 가능성은 거의 없다.

대부분의 사람들이 아파트시세를 확인하는 수단인 인터넷과 부동산중개소가 이미 가격기능을 상실했다. 그런데도 이 수단들이 제대로 작동하고 있는 걸로 잘못 판단한 경매투자자들이 거기에 속아 입찰가격을 정했던 것이다.

실수요자인 서민도 똑같은 희생양이다. 주위의 부동산중개소에 가서 가격을 확인하고 그보다 낮은 가격에 입찰을 하였으니 본인은 싸게 아파트를 구입했다고 내심 기뻐할지 모르지만, 더 싼 가격에 살 수 있는 기회를 놓쳤으니 큰 손해를 본 것이다.

경매시장의 당혹스런 입찰가격을 접하고, 그리고 깊은 생각 끝에 내가 얻게 된 뼈아픈 교훈을 한마디로 말하면 이렇다.

"지금 대한민국의 부동산시장은 부동산중개소도 아니고 인터넷 사이트도 아닌 〈벼룩시장〉이나 〈교차로〉에만 존재하는가?"

05

'부동산중개소 시세'와
'KB아파트시세'의 실상

아파트를 팔려고 부동산중개소에 매물로 내놓은 지 6개월이 넘었는데도 아직까지 보러 온 사람조차 없다는 이야기를 주위에서 수도 없이 들었을 것이다. 이런 푸념은 신문 기사들이 부동산시장을 이야기할 때마다 단골로 등장하는 메뉴이기도 하다.

그들은 부동산중개소가 '시세'라고 말하는 가격에 아파트를 팔려고 내놓고 6개월을 기다린 것이다. 그러나 지금 많은 사람들이 아파트 '시세'라 부르고 또 믿고 있는 가격은 시세가 아니다. 시세란 무릇 거래가 즉시 성립될 수 있는 가격을 말한다. 팔려고 해도 팔리지 않는 가격이 어찌 시세일 수 있겠는가?

지금 수도권에서 집을 꼭 팔려는 사람은 부동산중개소와 인터넷 사이트가 '시세'라고 부르는 가격보다 10% 또는 20% 싸게 내놓아야만 매수자를 구할 수 있다. 〈벼룩시장〉이나 〈교차로〉에 나와 있는 매물들의 가격이 그것을 증명해준다. 거기에는 'KB아파트시세'나 부동산중개소가 써 붙여놓은 시세보다 10% 이상 낮은 가격이 상당히 나와 있다. 이처럼 싼 가격에 매도하려는 사람이 있는데 어떻게 더 높은 가격에서 거래가 이루어질 수 있을 것인가?

그러니 부동산중개소가 '시세'라고 말하는 그 가격은 시세가 아니다. 진짜 시세는 그들의 '시세'보다 20%가량 아래에 있다. 진짜 시세보다 20% 정도 비싼 가격에 아파트를 팔려고 내놓고 기다리고 있으니 6개월이 아니라 6년을 기다려도 보러 오는 사람이 없을 수밖에 없다. 혹시 그것을 시세라고 잘못 아는 멍청한 사람이 운 좋게 걸려들지 않는다면 말이다.

아파트를 팔려는 사람과 사려는 사람들 대다수가 가장 먼저 확인하는 KB아파트시세가 얼마나 엉터리인지는 조금만 확인해보면 금방 알 수 있을 정도다. 앞 글에서 경매물건으로 나왔던 수원시 장안구 조원동의 한일타운아파트 33평형의 경우를 보자.

〈그림 2-15〉는 한일아파트의 가격을 KB아파트시세가 '시세'라는 이름으로 공지한 수치의 흐름을 보여준다. 국민은행은 상위평균가, 일반평균가, 하위평균가 세 개의 시세를 공지하는데, 그중 하위평균가의 추이를 나타내고 있다.

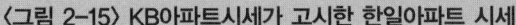

〈그림 2-15〉 KB아파트시세가 고시한 한일아파트 시세

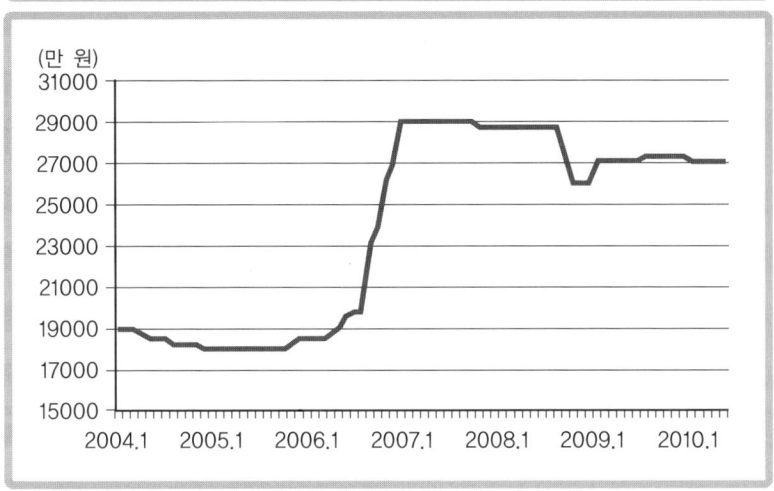

＊KB아파트시세가 고시한 한일아파트의 하위평균가임

　2005년 10월까지 1억 8000만 원에 머물던 시세가 오름세를 타더니 2006년 8월부터 급등하여 2007년 1월에는 2억 9000만 원까지 올랐다. 불과 5개월 만에 1억 원, 즉 60%나 폭등했다. 그때가 수도권 아파트의 마지막 폭등국면이었으니 비단 수원에만 국한된 현상은 아니었다.

　재미있는 것은 금융위기가 맹위를 떨쳤던 2008년 말경 2억 6000만 원으로 하락했다가 곧바로 2억 7000만 원으로 회복한 후 지금까지도 그 가격을 유지해오고 있다는 점이다. 2008년 말의 시세가 2007년 1월의 최고치에서 불과 10%밖에 하락하지 않았다는 점이 고개를 갸웃하게 만들지만 이 부분은 그냥 지나가기로 하자.

정말 가관인 것은 2010년 2월 이후다. 가격 변화가 전혀 없다는 사실을 접하면 할 말을 잃는다. 2010년 2분기 이후에는 보수신문들과 방송마저도 그동안 줄기차게 외쳐오던 '부동산 불패론'을 슬그머니 버리고 논조를 급선회하고 있다. 이대로 가다가는 모두 공멸할 수 있으니 특단의 부동산 부양대책이 있어야만 한다는 식으로 말이다. 그런데도 'KB아파트시세'에는 하락의 흔적조차 찾을 수 없다.

객관적인 현실을 보자. 〈그림 2-16〉은 국토해양부가 공개한 한일아파트의 실거래가 추이를 그래프로 나타낸 것이다.

2010년 1월 이후 실거래가가 하락하고 있음이 눈에 확 들어온다. 2010년 1월 5건이 거래되며 거래평균가가 3억 1540만 원이었

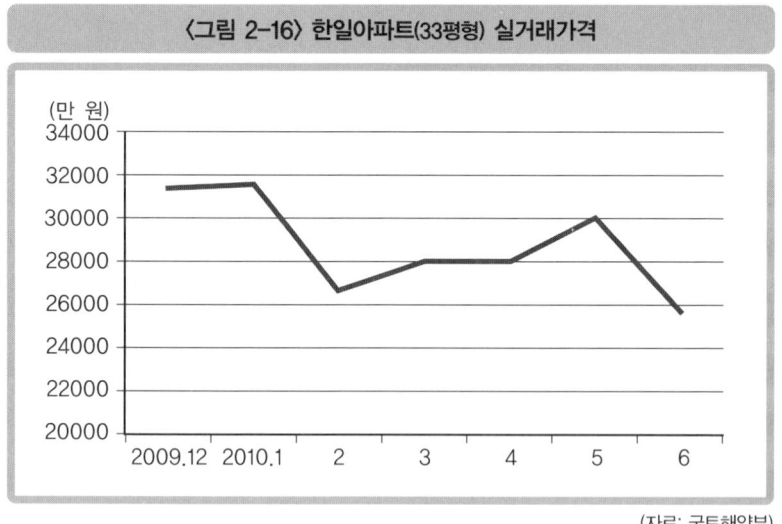

〈그림 2-16〉 한일아파트(33평형) 실거래가격

(자료: 국토해양부)

는데, 3월에는 5건 거래에 거래평균가격이 2억 8020만 원으로 무려 3520만 원이 하락했다. 불과 두 달 만에 10%가 넘게 하락하였다. 5월에는 3억 원으로 오르긴 했으나 거래건수가 단 한 건으로 큰 의미를 부여하기 어렵다. 6월에는 다시 3건이 거래되었으며 평균가격은 2억 5670만 원으로 3월보다 또 8.4%가 하락했다.

2010년 1월 이후 가격급락은 외면하려야 외면할 수 없는 현실로 드러났는데도 KB아파트시세는 그 하락세를 외면하고 있다.

'하위평균가'라고 하면 흔히 말하는 급매물가격으로 받아들이는 사람이 많을 것이다. 그러므로 이 가격에 팔려고 내놓으면 금방 팔릴 것으로 생각하는 것이 어찌 보면 당연하다. 아마 이 아파트를 경매에서 낙찰 받은 사람도 그런 믿음으로 그런 가격을 써냈을 것이다. '하위평균가'를 잘못 믿고 투자결정을 한 결과 심각한 손실 위험에 처하게 되었다.

이것이 대한민국 부동산시장의 현실이다. 자본주의의 핵심은 시장이고, 시장의 핵심은 가격기능이라고 고등학교에서 배운 기억이 날 것이다. 시장이 제대로 기능하지 못하면 자본주의가 작동할 수 없다는 것은 경제학을 공부하지 않았더라도 알고 있는 기초상식이다. 그리고 가격기능이 멈춘 시장은 더 이상 시장이 아니라는 것도 상식 중의 상식이다. 그런데 그런 경제상식이 한국의 부동산시장에서는 허무하게 무너져 내리고 있다.

이런 물음을 떠올리는 사람들이 많을 것이다.

"왜 KB아파트시세는 현실과 동떨어진 가격을 '시세'라고 공지하고 있는 것일까? 그리고 부동산중개소는 거래도 되지 않을 가격을 '시세'라고 써 붙여놓고 있을까?"

이 물음에 속 시원한 대답을 해줄 사람은 많을 것이다. 부동산중개소는 아파트 부녀회의 등쌀에 못 이겨 매도가격을 낮추지 못하고 있고, KB아파트시세는 자신들의 대출담보가치가 떨어져 부실대출이 생기는 것을 막기 위해 시세를 낮추지 않고 있다는 대답이 예상된다.

그에 대한 시시비비를 이 자리에서 다 가리지 않더라도 그것이 어느 정도 진실인지는 독자들이 이미 판단하고 있을 것이다. 국민은행이 국토해양부의 실거래가를 모를 리도 없고, 더구나 아파트에 관한 금융을 수십 년간 해온 국내 제일의 부동산 전문은행이기에 그런 의심은 더 강해진다.

대부분의 은행들은 아파트를 담보로 대출을 실행할 때 KB아파트시세를 기준으로 담보가치를 산정하고 있다. 만약 KB아파트시세가 국토해양부에 등록된 실거래가에 맞춰 아파트시세를 현실화한다면 어떤 일이 벌어질까?

그 파급효과는 실로 엄청날 것이다. 신규대출에 대한 대출금액이 줄어드는 것은 '세발의 피'에 불과하다. 2006년 이후 실행한 아파트담보대출의 대부분이 담보가치가 대출금액에 근접하게 되고, 은행은 대출의 건전성 유지를 위해 대출자들에게 원금의 일부 상환을 독촉해야만 할 것이다.

내가 직접 경험했던 '△△생명보험회사'의 대출 세일의 경우에는 더욱 심각한 일이 벌어지고 있을 것이다. 그들은 내가 사는 아파트시세의 80%까지 대출을 해주겠다고 하였으니, 그때 대출을 받았더라면 지금은 아파트시세가 대출금액을 하회하고 있을 테니까.

담보가격이 하락하고 그에 따라 은행이 원금의 일부 상환을 독촉하면, 원금의 일부를 상환할 수 없는 가계는 아파트를 팔아야만 하니 그 연쇄효과는 상상을 초월할 것이다. 그러기에 KB아파트시세는 실거래가격을 뻔히 보면서도 '시세'를 낮추지 않고 있을 것이다.

그러나 손바닥으로 하늘을 가리는 일이 어찌 가능하겠는가? 버블 붕괴가 이미 시작되었고, 시간이 지남에 따라 아파트값의 하락은 속도를 더해갈 터인데 KB아파트시세와 부동산중개소의 유리창에 써 붙인 시세가 아닌 '시세'도 조만간 현실을 인정할 수밖에 없을 것이다.

은행의 담보가치를 산정하는 기준이 하루아침에 10% 이상 하락하게 되면 그 뒤에 이어질 상황이 어떨지는 독자의 상상에 맡기도록 하자.

06

중소기업 부문의 버블 붕괴
코앞으로 다가왔다

2009년 말 현재 전 금융기관의 대출총액은 1390조 원이고, 그중 은행대출은 954조 원이다. 은행대출 중 가계대출은 410조 원이고, 기업대출은 544조 원이다. 기업대출 중 대기업대출은 100조 원에 불과하고 나머지 444조 원이 중소기업대출이다.

대출과 관련하여 딱딱하기만 한 숫자들을 열거하는 이유는 중소기업대출의 중요성을 알리기 위함이다. 중소기업대출이 가계대출보다 더 많고, 총대출의 거의 절반인 47%를 차지한다. 그러므로 향후 금융기관대출이 증가할지 감소할지를 알려면 중소기업대출이 어찌 될 것인지를 아는 것이 필수다.

〈그림 2-17〉 금융기관의 총대출금

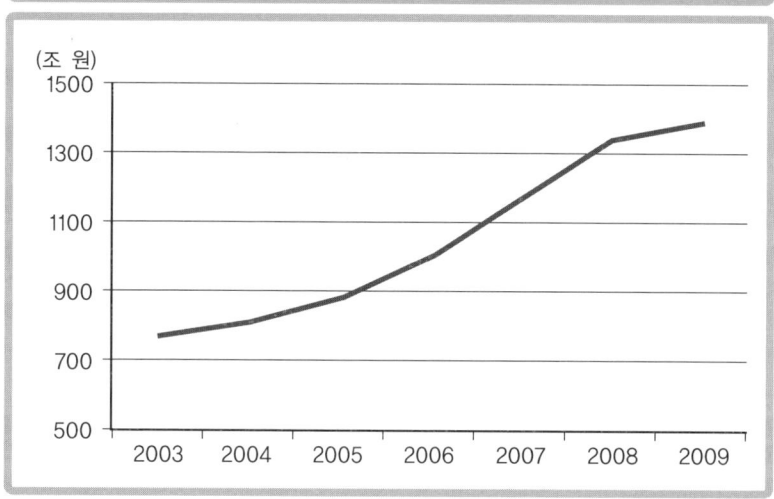

(자료: 한국은행 금융통계시스템)

〈그림 2-17〉은 금융기관 대출총액 추이를 보여준다. 2005년 이후 급격한 증가가 한눈에 들어온다. 앞에서 보았던 가계대출보다 기울기가 더 가파르다. 중소기업대출이 더 빨리 증가했기 때문이다.

미국에서 서브프라임 사태가 고개를 쳐들던 2007년과 그것이 글로벌 금융위기라는 괴물로 둔갑하던 2008년에는 대출 증가율이 더 치솟았다. 은행의 총대출이 2007년 14.8%, 2008년에는 16.2% 증가했다. 현기증이 날 정도의 대출 증가율은 모두 중소기업대출이 급증했기에 생긴 현상이었다.

〈그림 2-18〉은 은행의 중소기업대출 증가액이다. 2006년부터 대출이 급증하고 있다. 2006년 45조 원이 증가하여 직전 해인 2005년

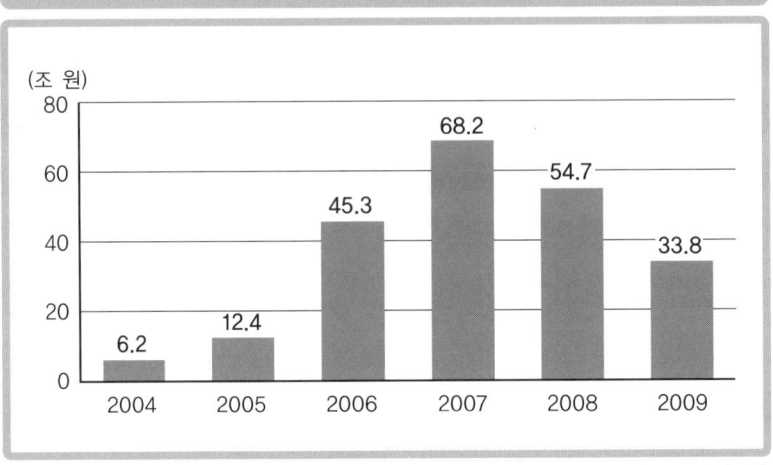

〈그림 2-18〉 중소기업대출 증가액

(조 원)

* 국내 은행의 원화대출로 실질지원금액을 포함 (자료: 금융감독원)

의 무려 4배에 달했다. 2007년과 2008년에는 더 크게 증가했다.

경이로울 정도로 중소기업대출이 증가한 데는 분명 이유가 있을 것이다. 그리고 중소기업에 대해 관심 있는 사람이라면 모두 알고 있는 사실이지만 중소기업은 항상 자금이 부족하다. 설사 자금이 부족하지 않은 중소기업이더라도 은행에서 대출을 해주겠다고 하면 우선 돈을 받아놓고 그 후에 어디에 쓸지를 생각하는 것이 현실이기도 하다. 그러므로 중소기업대출이 급증한 주된 요인은 중소기업이 갑자기 자금이 필요해서라기보다는 은행 쪽 사정에서 그 이유를 찾는 편이 합당할 것이다.

중소기업대출이 급증한 세 가지 이유

2006년 이후 은행이 중소기업대출을 공격적으로 확대한 데는 크게 세 가지 이유가 있다. 첫째, 국내에서 1위를 차지하려는 은행들끼리의 경쟁이었다. 언론에 보도되는 국내 1위, 2위 은행이라는 것이 모두 자산규모에 의해 등수를 매기는 것이다. 은행의 최고경영진들은 1위가 되기 위해 자산확대정책을 공격적으로 펼쳤고, 그러기 위해 대출을 확대했다. 2006년 이후 참여정부가 DTI와 LTV를 강력히 시행하며 가계대출을 억제하자 '무늬만 중소기업대출'이고 알맹이는 가계대출이 급증한 것도 같은 맥락이다.

중소기업대출 확대를 위해 은행들은 과감한 위험부담도 마다하지 않았다. 은행의 대출심사에서 금과옥조처럼 중시하던 담보평가의 기준마저 완화했다. 가령 감정가가 10억 원인 공장을 담보로 대출할 때 2005년까지만 해도 감정가의 80% 수준인 8억 원을 대출했는데, 2006년 하반기 이후 2008년 상반기까지는 100% 이상의 금액을 대출했다.

둘째, 중소기업대출의 가장 중요한 담보인 부동산의 가격상승이 은행의 공격적인 대출확대에 힘을 실어주었다. 2002년 이후 부동산 급등과 함께 공장의 감정가도 급등했는데, 여기에 더해 은행의 담보평가기준마저 완화되었으니 대출이 급증할 수밖에 없었다. 그러나 공장 가격이 급등한 이유가 은행의 대출확대였으므로 은행의

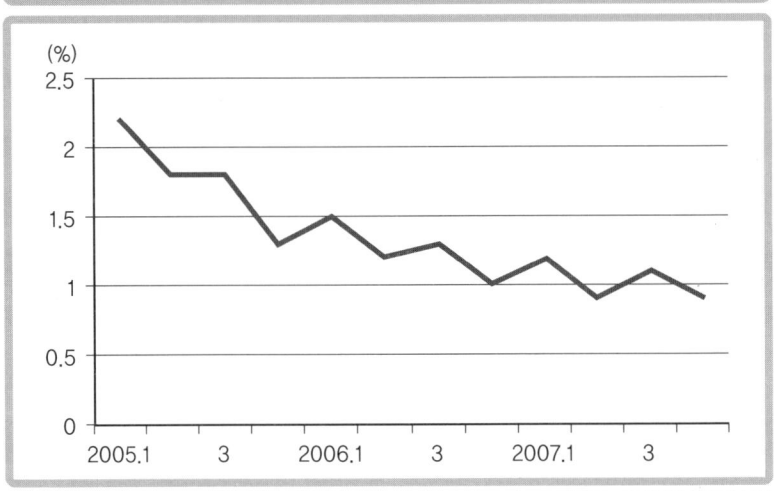

<그림 2-19> 중소기업대출 연체율

(자료: 한국은행 통계시스템)

대출확대정책은 순환논리의 모순에 빠졌던 것이다.

셋째 요인은 대출 연체율의 하락이다. 은행의 최고경영진이 가장 중요하게 보는 지표인 대출 연체율이 2005년 이후 줄곧 하락하자 마음 놓고 대출을 확대했던 것이다.

그러나 연체율이 하락한 주된 원인 역시 은행의 공격적인 대출 때문이었다.

기업이나 가계나 수입이 줄어 상환능력이 악화되더라도 대출이 계속 공급되는 한 부도나 연체위기에 직면하지 않는다. 왜냐하면 늘어난 대출로 먼저 받았던 대출의 이자를 내면 되니까.

중소기업 공장 가격에 또 하나의 버블 형성

은행들이 공격적으로 대출을 세일하다시피 하자 중소기업들은 흔쾌히 대출을 받아들였다. 그리고 투자를 늘렸다. 중소기업이 투자하는 곳은 둘 중 하나다. 공장과 설비가 하나이고, 운전자금이 다른 하나다. 물론 이 둘은 밀접하게 관련이 있다. 공장을 짓고 기계설비를 증설하고 나면 매출이 증가하므로 운전자금수요도 증가한다.

당시 중소기업 정책자금을 집행하는 책임자였던 내 경험에 의하면 중소기업대출의 상당 부분이 공장 구입에 사용되었다. 2003년 안산과 시흥에 소재한 시화·반월공단의 공장부지가 3.3㎡당 200만 원이었는데, 2006년경에는 500만 원까지 치솟은 것이 그 사실을 반증한다. 지난 5년간 중소기업 공장이 가장 많이 들어선 경기도 화성 지역의 땅값이 천정부지로 치솟은 것도 그 증거다. 안산과 화성뿐만이 아니다. 한강 이남과 이북을 가리지 않고 공장부지 가격이 적게는 두세 배, 많게는 열 배까지 올랐으니 이 모두 은행의 공격적인 중소기업대출이 가져온 결과였다.

땅값이 오르는 것을 본 중소기업들은 앞다투어 은행을 찾았고, 또 정책자금을 활용하기 위해 보증기관에 몰려들었다. 마치 가계대출로 집값이 오르고, 집값이 오르자 더 많은 사람들이 대출을 받아서 또 집에 투자하던 미국의 서브프라임 버블과 한국의 유동성 파티를 보는 듯하다.

그랬다. 은행의 공격적인 대출이 중소기업 부문에서 또 하나의 버블을 양산하고 있었던 것이다. 그리고 그 버블의 크기는 아파트에 비교하여 결코 작지 않았다. 왜냐하면 버블의 크기란 대출의 크기에 의해 결정되는데, 2003년 이후 중소기업대출이 가계대출보다 훨씬 더 많이 증가했기 때문이다. 그리고 이제 버블 붕괴를 걱정해야 할 시점이 되었다. 중소기업들이 즐겼던 또 하나의 유동성 파티 역시 끝날 시간이 다가왔으니까.

중소기업대출에서 발생한 버블의 붕괴 위험이 어느 정도인지 알아보자.

버블 붕괴 위험을 측정하는 방법은 중소기업이나 가계 부문이나 똑같다. 상환능력이 위험도를 알려주는 지표다. 가계는 벌어들인 소득, 즉 가처분소득으로 대출을 상환하는데, 기업은 영업이익으로 대출을 상환한다. 그러므로 영업이익 대비 이자비용이 바로 기업의 대출상환능력을 가늠하는 지표다. 금융에서는 이를 순이자보상비율이라고 부른다.

순이자보상비율 = 영업이익 ÷ (이자비용 − 이자수익)

순이자보상비율이 2라면 영업이익이 이자비용의 두 배이므로 상환능력이 어느 정도 있다고 평가된다. 이것이 1이라면 영업해서 번 돈으로 겨우 이자나 갚고 있으니 경영에 문제가 있다. 그런데 이 비율이 1 미만이라면 어떨까? 영업이익으로 이자도 갚지 못하면 아주 심각한 상황이고 이 상태가 지속되면 실질부도라고 할 수 있다.

중소기업의 순이자보상비율이 어떤 상황일까? 한국은행의 〈금융안정보고서〉에 의하면 순이자보상비율이 1 미만인 중소기업이 2008년에는 전체의 42.3%, 2009년에는 36.5%였다.

중소기업 열 곳 중 약 네 곳이 영업해서 번 돈으로 대출이자도 못 낼 상황인 것이다. 더구나 한국은행의 조사대상은 상장중소기업들이다. 상장기업의 재무상황이나 수익성은 일반 중소기업보다 훨씬 더 우수하다. 그러므로 전체 중소기업을 대상으로 조사했다면 절반 이상이 순이자보상비율 1 미만인 상황일 것으로 추정된다.

중소기업 절반이 영업이익으로 대출이자도 못 낼 형편

중소기업의 대출상환능력이 이처럼 위험한 상황이라는 것을 은행들이 몰랐을까? 아니면 알고도 별도로 믿는 구석이 있어서 대출을 늘렸던 것일까?

그 대답은 앞에서 이야기한 세 가지 이유에 들어 있다. 은행의 최고경영진이 국내 1위를 하려는 욕심이 아주 컸었고, 마침 부동산가격이 오르자 담보가치가 올라줬기에 상환능력이 최악임에도 불구

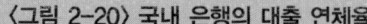

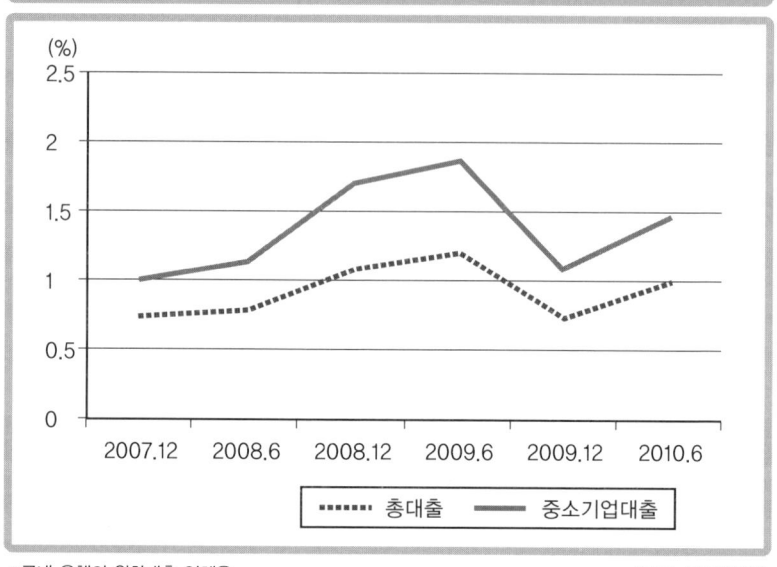

(%)

······· 총대출　　──── 중소기업대출

*국내 은행의 원화대출 연체율　　　　　　　　　　　　　　　　　　(자료: 금융감독원)

하고 맘껏 대출을 늘렸던 것이다.

　그러나 부동산, 즉 공장 가격의 상승이 대출이 증가한 결과라는 것은 앞에서 말한 대로다. 만약 어느 순간 대출이 줄어들거나 공장 가격이 하락세로 돌아서게 된다면 상황은 걷잡을 수 없이 악화일로로 치닫게 될 터였다. 그리고 그런 상황이 실제로 벌어졌다. 2008년 말경이었다. 전 세계를 휩쓴 금융위기의 여파로 공장 가격이 급락하고 거래마저 실종되었던 것이다. 이런 상황에서 항상 그렇듯이 은행은 신규대출을 중지하고 중소기업들에게 상환을 독촉했다. 그야말로 중소기업은 진퇴양난의 위기에 처했다.

이런 때 나서야 할 곳이 '최후의 보루(last resort)' 역할을 해야 하는 정부다. 그리고 정부는 그 역할을 톡톡히 해냈다. 국내 1위 은행이 되려는 욕심으로 중소기업대출을 무지막지하게 늘렸던 은행이 무책임하게 '나 몰라라' 발뺌하는 상황에서 정부가 중소기업에게 구원의 손길을 내밀었다. 바로 '신용보증'이었다.

금융감독원의 자료에 의하면 2009년 국내 은행의 중소기업대출은 약 34조 원이 증가했는데, 그중 절반가량인 16조 원이 신용보증대출이었다. 신용보증이란 중소기업이 대출을 상환하지 못하면 국가기관이 대신 갚아주겠다고 보증을 서는 것이므로 은행의 손실위험을 국가가 대신 떠맡는 것이다. 은행으로서는 중소기업 중에서도 부실위험이 높은 곳을 주로 떠맡겼을 것이므로 부실위험을 줄일 수 있는 좋은 기회였을 것이다. 그 덕분에 중소기업대출의 연체율이 급등하는 것을 어느 정도 피할 수 있었다.

또한 정부는 2009년 만기가 돌아오는 중소기업대출을 무조건 만기를 연장하도록 은행에 지시했고, 연체율 걱정이 컸던 은행도 내심 이를 반겼을 것이다. 그 결과 가파르게 상승하던 중소기업대출의 연체율이 2009년 하반기 진정세를 보였다.

그러나 이런 좋은 시절이 끝나가고 있다. 2009년 늘렸던 신용보증을 2010년 하반기부터 다시 축소하겠다고 정부가 발표했기 때문이다.

앞으로의 상황은 지극히 암담하다. 은행의 중소기업대출 연체율은 신용보증에도 불구하고 2010년 들어 가파른 상승을 보이고 있다. 정부는 위기대처를 위해 긴급지원했던 신용보증을 축소하겠다고 발표했고, IMF는 '2010년 한국에 대한 정책자문'에서 중소기업지원을 더 축소할 것을 강하게 권고했다.

게다가 중소기업의 대출상환능력을 나타내는 지표인 순이자보상비율이 1 미만인 기업이 절반에 달하고 있으니 은행의 중소기업대출이 더 이상 증가할 수 없는 상황이다. 설상가상으로 은행이 그토록 믿고 있던 공장 가격 역시 하락추세를 굳히고 있다.

대출은 감소하고 공장 가격은 하락세를 굳히면 그 다음에 일어날 일이 무엇인지는 모두 알 것이다. 버블 붕괴의 과정을 밟는 것을 피할 수 없다. 2005년 이후 중소기업대출 증가와 함께 커졌던 중소기업 공장 가격의 버블이 붕괴되고, 그 결과 대출은 더 감소하는 악순환이 속도를 높여갈 것이다.

은행으로서는 지난 5년간 무리하게 늘렸던 중소기업대출에 대한 대가를 치러야 할 시간이 되었다. 엄청난 대출부실과 손실을 도저히 피할 수 없는 상황이다. 다만 그 과정에서 중소기업들이 감내해야 할 고통이 지나치게 클 수밖에 없어 안타까울 따름이다.

버블 붕괴가 시작됐는데
금리를 인상해야 하는 이유

2010년 7월 9일 한국은행이 기준금리를 0.25% 인상했다. 사상 최저 금리를 무려 17개월이나 유지하고 나서 뒤늦게 이루어진 금리인상이었다. 인상 후에도 금리는 2.25%로 여전히 사상 최저 수준이다. 그럼에도 사람들이 긴장된 시선을 쏟아붓는 이유는 이것이 금리인상의 시작이기 때문이다.

금리인상이 부동산과 주식의 버블 붕괴에 어떤 영향을 미칠지는 모르는 사람이 없을 것이므로 긴 이야기를 하지 않겠다. 그 대신 '금리인상의 배경과 향후 금리인상이 얼마나 더 이루어질까' 라는 더 중요한 문제에 집중하기로 하자.

한국은행의 금리인상은 사실 오래전에 실행되었어야 했다. 모든 금융시장지표와 거시경제지표들이 오래전부터 금리인상을 가리키고 있었고, 국제통화기금(IMF) 등 국제기관들도 한국의 금리인상을 강하게 시사했다. 그럼에도 사상 최저 금리를 17개월이나 유지한 이유가 무엇일까?

그 이유를 모르는 사람은 아마 없을 것이다. 왜냐하면 지금 한국은행이 청와대나 정부로부터 독립성을 확보하고 있고, 독자적인 판단으로 금리결정을 내리고 있다고 생각하는 사람은 없을 것이기 때문이다. 대통령이 신문과 방송을 통해 "출구전략을 늦춰야 한다"고 말하는 것을 내가 직접 본 것만도 서너 번이 넘는다. 출구전략의 핵심은 금리인상이다. 그런 상황이니 대통령의 의지에 반해 금리인상을 단행할 정도로 독립성을 갖지 못한 한국은행이 내릴 결정은 뻔했다. 정치적 목적에 따라 중앙은행의 통화정책이 휘둘리는 슬픈 현실이 오늘 우리의 모습이다.

대통령이 직접 나서서까지 금리인상을 하면 안 된다고 무리수를 두었던 이유는 무엇일까? 이것도 모르는 사람이 없을 것이다. 주식과 부동산 버블을 더 키우고, 최소한 유지라도 하려는 것이었다. 그 결과 한국의 주식과 부동산은 1년 넘게 유동성 파티를 즐길 수 있었으니 겉으로 보기에는 MB정부의 의도가 성공한 것처럼 보일 수도 있다. 그러나 경제와 세상살이의 평범한 진리를 다시 한 번 상기하면, '경제에 공짜점심은 없는' 법이다.

주식과 부동산이 유동성 파티를 즐긴 대가는 무엇일까? 그것은 파티가 끝난 뒤 지불해야 할 엄청난 파티 비용이다. 파티 비용이란 버블 붕괴 후에 올 경제적 충격과 경제주체들이 감내해야 할 고통이다.

유동성 파티의 대가는 '한국판 서브프라임 사태'

피부에 와 닿는 예를 들어보자. 2001년 미국 연방준비은행(FRB)의 앨런 그린스펀 의장이 단행했던 금리인하 조치가 어떤 결과를 가져왔는지 돌이켜보는 것이다.

20세기 말 전 세계를 휩쓸었던 벤처 버블의 후유증으로 미국 경제는 심각한 침체에 빠져들었다. 그것은 벤처 버블로 수년간 즐겼던 파티 비용이었다. 이 고통을 피하기 위해 그린스펀은 금리를 사상 최저인 1%로 낮추었다. 그러자 부동산 버블이라는 더 큰 버블이 생겨났고, 또 한 번의 파티를 즐길 수 있었다. 그리고 이번에도 어김없이 파티의 계산서는 날아들었고, 그 금액은 두 번의 파티 비용을 합한 것이므로 실로 엄청났다. 그 비용이 지난 2년여 동안 미국의 가계와 기업이 겪고 있는 참상인 것이다.

MB정부가 사상 최저 금리를 17개월 유지한 것은 바로 그린스펀이 2001년 했던 것과 똑같은 방법이었다. 그 효과도 흡사하다. 가계부채는 눈덩이처럼 불어나서 드디어 '가처분소득 대비 가계부채비율’이 143%에 이르렀고, 그 대가로 파티를 즐길 수 있었다. 그러니 파티가 끝난 뒤 날아들 계산서 금액이야 말할 필요도 없을 것이다. 2년 전에 치렀어야 할 비용보다 엄청나게 늘어난 파티 비용을 경제주체들이 지불해야 할 것이고, 그 고통은 엄청날 것이다. 그러나 MB정부는 파티 비용에 대해서는 관심조차 없는 것 같다. 자신의 임기 내에만 파티의 계산서가 청구되지 않도록 모든 수단과 방법을 동원하고 있는 것은 누구의 눈에도 환히 보인다.

그러나 MB정부의 의도는 성공하지 못할 것 같다. 이미 부동산 버블 붕괴가 시작되고 있기 때문이다. 2010년 들어 부동산 버블이 빠른 속도로 붕괴되고 있다. 그것도 사상 최저 금리인 상태에서 말이다.

미국은 정책금리를 1%에서 5.25%까지 17차례나 인상을 한 후 버블 붕괴가 시작되었다. 금융긴축으로 유동성 공급이 중단되고 가계의 금리부담이 급증하자 버블이 붕괴되기 시작했다. 그러나 한국은 사상 최저 금리를 무리하게 유지하고 있는 상황에서 버블이 붕괴되기 시작했다. 아직 가계의 금리부담은 아주 낮은 수준에 머물고 있는데도 말이다.

IMF와의 정책자문회의 직후 금리인상

더 심각한 일은 버블 붕괴를 두 눈으로 보면서도 금리를 올리지 않을 수 없는 상황이라는 사실이다. 내로라하는 국제기관들과 대형 투자은행들이 끊임없이 경고를 보냈음에도 이를 무시한 대가를 이제 곧 치르게 될 상황이다. 현명한 정부라면 2년여 전의 미국의 사례를 타산지석으로 삼았으련만, MB정부는 타산지석을 삼기는커녕 국제기관들의 친절한 권고마저 모조리 묵살하였다.

그러므로 2010년 7월 9일의 0.25% 금리인상은 MB정부나 한국은행의 내부 의지에 의해 결정되었다기보다 외부의 영향일 가능성이 크다. 금융통화위원회가 금리인상을 결정한 시점이 이런 추측에 힘을 실어준다.

IMF의 한국 정책자문팀이 2010년 6월 23일부터 7월 6일까지 MB정부 및 한국은행 고위임원과 정책자문회의를 가졌는데, 금리인상은 7월 9일 결정되었다. 그리고 정책자문회의 직후 발표된 '2010년 IMF의 한국에 대한 정책자문'의 발표문을 보면 그런 추측이 확신으로 굳어진다.

'2010년 IMF의 한국에 대한 정책자문'의 내용을 보기 전에 IMF가 세계 경제와 아시아 경제를 진단하고 대응책을 제시할 때마다 빼놓지 않고 언급했던 '출구전략'과 '금리인상'에 대해 간략하게 보도록 하자.

IMF에 대해서는 앞에서도 몇 번 언급하였으므로 자세한 이야기는 줄이겠다. 다만 IMF는 매년 정기적으로 한국 경제를 진단하고 적절한 처방을 한국 정부에게 제시한다는 사실만 언급하겠다. 중국

같은 이머징 국가는 물론 일본과 독일, 그리고 미국까지도 IMF로부터 똑같은 정책자문을 매년 받고 있으므로 자존심이 상할 이유는 전혀 없다. 그리고 각국은 IMF의 권고를 대체로 받아들여 경제정책에 반영한다.

IMF는 주요 국가들의 경제상황을 분석하고 경제정책의 방향을 제시하는 것 외에 세계 경제를 정밀 분석하여 매년 4월과 10월에 〈세계경제전망(World Economic Outlook)〉이란 보고서를 발표하고 있다. 그 내용 중 한국의 출구전략과 관련한 내용들만 살펴보도록 하겠다.

IMF, 2009년 10월부터 금리인상 권고

IMF가 '출구전략'에 대해 처음 언급한 것은 2009년 10월 발표한 〈세계경제전망〉에서였다. 그 이전까지 IMF는 미국을 비롯한 선진국들에게 강력한 금융완화조치와 재정지출을 권고했었다. 1930년대 세계 대공황 이후 최악의 경제위기라는 인식이 팽배했으므로 극단적인 조치를 누구보다 앞장서서 주장한 곳이 IMF였다. 극단적인 정책으로 인한 후유증을 생각할 여유가 당시에는 없을 정도로 미국 등의 경제상황이 심각했기 때문이다.

IMF는 이머징 국가들에 대해서도 동일한 잣대를 들이댔다. 금융위기가 발생하지 않은 한국에게도 미국식의 금융완화와 재정확대정책을 권유했고, 중국이 상식 밖의 대출 증가와 유동성 증가로 내수경기를 살릴 때도 박수를 보내곤 했다. 이런 과도한 정책이 가져올 엄청난 부작용에 대해서는 생각할 여유가 없기도 했지만, IMF의 관점이 미국 경제 위주의 시각을 벗어나지 못한 것이 주된 이유였다.

그런 IMF의 관점이 바뀌기 시작한 것이 2009년 10월 발표된 〈세계경제전망〉부터였다. 그 보고서를 통해 IMF는 아시아 국가들이 선진국보다 먼저 '출구전략'을 시작할 것을 권고했다. 그 내용을 인용하면 다음과 같다.

이머징 국가들은 통화완화정책의 철회를 선진국들보다 먼저 시작해야 한다. 일부 국가들은 자산가격 버블을 예방하기 위해 통화긴축을 시행함과 동시에 환율을 신속하게 절상함으로써 선진국의 과도한 통화팽창이 국내로 유입되는 것을 막아야 한다.

대출이 지속적으로 감소하고 있는 선진국들과 달리 대출이 증가하고 이에 따라 시중 유동성이 급증하고 있는 한국과 중국 같은 나라에게 통화완화정책을 철회하라는 권고였다.

〈세계경제전망〉과 함께 발표한 〈자산 버블이 통화정책에 주는 교훈〉이라는 별도의 연구자료를 통해 IMF는 통화긴축을 더 강력히 권고하고 있다. 그 보고서의 핵심내용이 맨 앞에 나와 있는데 그 내용은 다음과 같다.

　　각국 중앙은행들은 경제정책의 우선순위를 거시경제의 위험관리
에 두어야 한다. 다시 말해 **자산가격 버블과 과잉대출이 발생하는 것**
을 막기 위해 통화정책을 조기에 그리고 더 강력하게 긴축으로 전환
해야 한다. 인플레이션이 발생할 우려가 없다고 해도 통화긴축을 실
· 행해야 한다.

　　우리의 연구결과에 의하면 과거의 자산 버블은 대출의 급증, 경상
수지 적자 및 부동산투자 급증이 원인이었다. 인플레이션이 안정적이
라는 이유로 중앙은행들이 이런 문제들을 방치한 결과 버블이 발생하
였고 그 피해는 엄청났다.

　　불과 몇 달 전만 해도 위기에서 벗어나기 위해 극단적인 통화정
책을 수행해야 한다고 목소리를 높였던 IMF의 말인지 의심스러울
정도로 획기적인 내용이다. 경제위기를 벗어나는 것도 중요하지만
자산 버블을 방지하는 일은 더 중요하다고 IMF는 직설적으로 말하
고 있다.

　　자산가격에 버블이 팽창하고 있는데도 인플레이션 우려가 없다
는 이유로 저금리를 장기간 방치한 결과가 얼마나 참혹한지를 뼈저
리게 경험한 뒤 내린 결론이었다. 이 말은 곧바로 한국 경제를 향한
말이기도 했다.

"2% 기준금리는 엄청나게 낮다"

2009년 12월 금융통화위원회에서 금리를 사상 최저로 유지하기로 결정한 직후 가진 기자회견에서 이성태 한국은행 총재는 이런 말을 했다.

"내년 5% 성장 전망에 비해 2%의 기준금리는 엄청나게 낮다."

엄청나게 낮은 금리를 유지하면 자산가격 버블이 커져 미국의 서브프라임 사태 같은 엄청난 재난이 닥친다는 사실을 한국은행 총재가 알고 있었음을 보여준다. 그런데도 왜 금리인상을 하지 않았을까? 독자들은 그 이유를 충분히 짐작할 것이다.

2010년 4월 발표된 IMF의 〈세계경제전망〉은 금리인상에 관해 더 구체적으로 이야기하고 있다. 그 내용을 직접 인용하면 다음과 같다.

경제가 상대적으로 빨리 회복되고 있는 대부분의 이머징 국가들과 일부 선진국들은 이미 통화완화정책을 철회하기 시작했거나 시작할 예정이다.

......

경상수지 흑자를 내고 있는 이머징 국가들은 통화긴축과 통화의 평가절상이 동시에 실행되어야 한다.

이 보고서는 온통 선진국들의 재정적자 문제에 집중하고 있는데,

그 와중에도 한국과 중국 등 이머징 국가들이 출구전략을 당장 실행해야 한다는 메시지는 빼놓지 않고 전달하고 있다.

IMF의 '2010년 한국 정책자문'의 발표문 전문

IMF의 입장을 가장 확실하게 보여주는 것은 '2010년 IMF의 한국에 대한 정책자문'이다. 정부 및 한국은행과의 자문회의를 마친 2010년 7월 6일 IMF 한국 자문팀이 공개한 발표문은 온통 '한국 경제가 금리인상을 신속하게 실행해야 한다'는 내용으로 가득 차 있다.

금융위기 발발 이후 미국 등 주요 국가들은 물론 한국이나 중국 등에게도 아낌없는 재정정책과 금융정책을 요구했던 IMF의 입장을 감안하면 놀라움을 금할 수 없을 정도다. 한국 경제의 현 상황이 지나칠 정도로 대출과 유동성이 과잉인 상황이 아니고서는 IMF가 그런 자문 결과를 내놓지 않았을 것이다.

IMF의 발표문 중에서 서두의 인사치레 말을 빼고 한국 정부에 대한 경제정책 권고를 전부 옮기도록 하겠다.

강한 경제회복에 비추어볼 때 경기부양적인 거시경제정책을 철회하는 것이 적절하다. 국내총생산과 잠재성장 사이의 갭은 거의 좁혀졌다. 2010년 정부예산이 전년 대비 성장률의 1% 축소효과가 있지만,

통화정책은 지나치게 완화된 상태다. 경제성장을 지탱하는 데 필요한 수준을 상당히 넘어섰다.

지금은 한국은행이 기준금리의 단계적인 인상을 시작해야 할 때 다. 그래야만 지나친 부작용을 피할 수 있다. **기준금리의 인상을 시작한 후에도 이미 시작된 경제회복을 지탱하는 데 지나칠 정도로 통화가 완화된 상태다.**

환율을 시장에 맡기고 정부가 개입하지 않는 것도 출구전략의 필수요소다. 정부의 외환시장개입은 과다한 급등락의 경우로만 제한해야 한다.

중소기업에 대한 정부의 금융지원의 규모와 범위를 위기 이전의 수준으로 축소하고, 만기가 도래한 은행대출의 만기연장을 종료하겠다는 정부의 계획은 적절하다. 금융시장이 정상화된 지금 은행자본확충펀드, 기업구조조정펀드, 채권시장안정펀드 및 여타 금융부문에 대한 재정지원들을 철회해야 한다.

경제가 강한 회복을 보이고 있으므로 경제정책을 위기관리에서 중기적으로 성장잠재력을 키우는 쪽으로 전환해야 한다. 그것이 글로벌 금융위기의 교훈을 실행하는 것이다. 이런 맥락에서 중기적으로 재정적자를 축소하고 2013년까지 재정균형을 달성하겠다는 정부의 계획은 환영할 만하다. 이에 대한 더 구체적인 계획을 수립해야 한다.

글로벌 금융위기는 "통화정책을 방치하면 자산 버블이 팽창하고, 경제주체들의 과도한 레버리지(과잉부채)가 초래된다"는 사실을 입증하였다. 지금 물가수준은 한국은행의 목표범위 안에 있지만, 통화정책의 목표는 물가관리만이 아니라 자산가격의 버블을 사전에 방지하는 것까지를 포함해야 한다.

한국의 위기관리체제는 잘 작동하였다. 이제는 위기 이후를 대비하여 거시경제정책과 금융감독체제의 개선을 생각해야 할 때다. 글로벌 금융위기의 중요한 교훈은 금융감독기관 상호 간의 협조체제 구축의 중요성이다. 예를 들면 **과도한 금융완화정책은 금융의 불안정을 더 악화시킨다.** 또한 정책금리만으로는 특정 분야에서 발생한 금융 불안정을 치유할 수 없는데, 이는 **당초부터 신중한 거시정책으로 예방해야 한다.** 글로벌 금융위기의 또 다른 중요한 교훈은 전 세계적인 금융감독과 금융규제가 필요하다는 사실이다. 이 점에서 한국 금융당국의 선제적인 조치와 국제사회에서 향후 취할 새로운 조치를 기꺼이 도입하겠다는 응답을 듣게 되어 기쁘다.

국제자금의 불안정한 유출입이 한국 경제를 불안정하게 할 위험성 역시 중요한 관심사항이다. 한국 경제와 금융이 세계 경제의 일부로 이미 통합된 사실을 고려하면, 최근 새로 도입된 외환규제는 효과가 크지 않을 가능성이 있다. 자본시장이 개방되고 수출의존형인 한국 경제에게는 **외환시장의 자율성이 아주 중요하다. 만약 그렇지 않으면 외국 투기세력이 환율이 한 방향으로 움직일 것에 투기하는 일이 벌어질 수 있다.**

끝으로 금번 위기로 수출에만 의존하는 개방경제의 위험이 노출되었다. 내수를 진작하는 것만이 그런 취약점을 보완할 것이다. 이런 점에서 수출의존도를 줄이고 서비스 부문을 과감하게 개혁하는 것이 필요하다. 이를 위해 제조업에 대한 특혜를 줄이고, 서비스 부문의 규제완화를 추진하고, 중소기업의 구조조정을 지속하는 것이 중요하다. 노동시장의 유연화와 사회안전망의 강화로 노동력의 재배치에 따른 비용을 최소화할 수 있다. 노동력의 경제참여를 높이는 일도 필요하다.

"금리를 인상한 후에도 금리는 상당히 낮은 수준이다"

IMF가 2010년 한국에 대한 정책자문을 한 결과를 담은 발표문 전문을 직역한 이유는 그것이 향후 한국의 금리인상에 아주 중요한 영향을 미칠 것이라고 생각하기 때문이다.

투자자나 기업인들에게 대단히 중요한 내용들을 IMF 발표문은 담고 있다. 그러므로 두 번을 읽어도 들인 시간이 아깝지 않을 것이다. 혹시 행간까지 읽은 독자가 있다면 한국의 금융정책에 대한 IMF의 강력한 의지를 보았을 것이다.

"금리를 인상한 후에도 인상된 금리수준은 여전히 경제상황에 비해 상당히 낮다."

이 말이 IMF 발표문의 핵심이다. 바꿔 말하면 한국은 아주 오래전에 금리인상을 시작했어야 한다는 말이다. 그 시점이 언제였는지 꼭 집어 말하진 않았지만, "2% 기준금리는 엄청나게 낮다"라고 이성태 한국은행 총재가 기자회견장에서 밝혔던 2009년 12월 이전인 것만은 확실하다.

이런 견해는 비단 IMF만의 경제진단은 아니다. 상식을 가진 경제전문가라면 누구라도 이런 진단을 이미 오래전에 내렸을 것이다. 다만 그런 생각이 이성태 총재와 IMF의 입을 통해 밖으로 공표되었을 뿐이다.

한국은행이 앞으로 어느 정도 빠른 속도로 금리를 인상해나갈지는 불분명하다. 확실하게 말할 수 있는 사실은 한국은행은 앞으로도 MB정부의 정치적 요구와 IMF의 객관적 경제진단 사이에서 고민을 계속할 것이고, 고민 결과 어떤 결정을 내리느냐에 따라 한국은행의 독립성이 좌우될 것이라는 점이다.

2010년 중국 증시에서 배우는 교훈

인터넷 포털 사이트인 다음의 아고라에는 다양한 토론방이 있는데 그중에서도 가장 활발한 토론이 이루어지는 곳은 '부동산 토론방'이다. 그만큼 부동산에 남다른 관심이 쏠리고 있음을 말해준다.

2010년 7월 20일 정부가 부동산 부양책으로 총부채상환비율(DTI)과 담보인정비율(LTV)을 완화할 가능성이 있다는 보도가 나오자 부동산 토론방이 또다시 뜨거워졌다. 대세는 효과가 없을 거라는 쪽이었다. 'DTI대책 한참 헛다리 짚었다'라는 제목의 글은 조회수가 4만을 넘어서 그날 최고의 화제가 되었다.

정작 내 흥미를 끈 것은 그 글에 대한 댓글이었다. 100개가 넘는 댓글 중 내 관심을 끈 내용은 다음과 같다.

> 지금 시중의 유동자금이 얼만지 알고 계시나요?
> 흔히 말하는 갈 곳 없어서 떠도는 유동자금 말입니다. 엄청난 금액
> 입니다.
> 마땅한 투자처가 없어서 저축성예금으로도 많이 가고 있지요.
> 흔한 말로 투자대기자금이 빵빵하단 겁니다.
> 집 살 사람들이 돈이 없어서 못 산다는 건 잘못된 소립니다.
>
> _2010.7.20 '아고라'

지금 시중에 유동성이 엄청나니까 부동산 하락은 크지 않을 것이라는 말이다. 이 글을 보는 순간 얼마 전 상당히 큰 규모의 주식펀드를 운용하는 후배가 했던 말이 떠올랐다. 위 글과 비슷한 취지의 말이었다.

"유동성 증가가 둔화되더라도 문제될 것이 없어요. 이미 시중에 유동성이 넘칠 정도로 풀려 있으니까요. 유동성이 추가로 증가하지 않더라도 현재의 유동성만으로 주식과 부동산이 추가 상승하는 데 충분합니다."

주식과 부동산투자자 그리고 경제분석가들 중에 이런 생각을 가진 사람들이 많은 것 같다. 현재 시중에 풀린 유동성이 엄청나므로 향후 급속하게 감소하지만 않는다면, 추가로 증가하지 않더라도 주

식과 부동산은 충분히 추가 상승할 수 있다는 생각이다.

언뜻 들으면 그럴싸한 말이다. 구체적인 수치를 보면 그런 생각이 더 강해질 수도 있다. 2005년 말 1021조 원이었던 총통화가 2010년 5월 말 1631조 원으로 60%나 증가하였다. 불과 4년 5개월 전보다 600조 원이 넘는 돈이 시중에 더 풀렸으니, 이 돈만으로도 주식과 부동산의 추가 상승이 유지될 수 있다는 이야기가 나오는 것이다.

더구나 유동성 혹은 통화량이란 플로우(flow) 개념이 아니라 스톡(stock) 개념이므로 증가율보다 잔액이 더 중요하다는 말은 합리적인 것처럼 들린다. 정말 그럴까?

거기에 대해서는 백 마디의 말보다 한 개의 실제 사례를 보여주

〈그림 2-21〉 중국 상해종합지수

는 것이 훨씬 더 설득력이 있을 것이다. 그 사례는 지금 일어나고 있는 일이므로 바로 피부에 와 닿을 것이다. 바로 중국의 주식시장이다.

먼저 그림을 보고 중국의 금융상황을 이해하도록 하자. 〈그림 2-21〉은 중국의 주가 그래프다. 중국의 상해종합지수는 지난 수년간 폭등과 폭락을 거듭했다. 2008년 초 5500이었던 지수가 급락하여 2008년 11월 4일 1700까지 폭락하더니 다시 상승하여 2009년 말에는 3277을 기록했다.

우리의 관심은 2010년 중국의 상해종합지수가 급락한 것이다. 7월 말까지 17%나 급락했다.

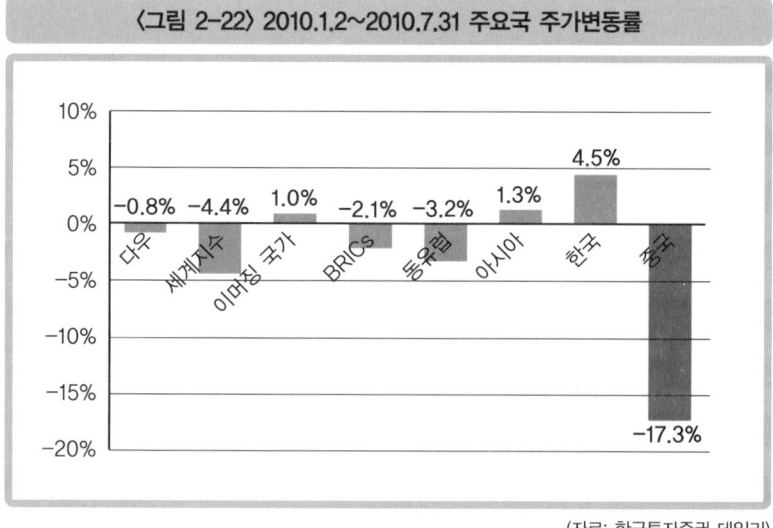

〈그림 2-22〉 2010.1.2~2010.7.31 주요국 주가변동률

(자료: 한국투자증권 데일리)

다른 국가들과 비교하면 중국의 주가하락이 더 뚜렷이 드러난다. 〈그림 2-22〉는 2010년 주요 국가들의 주가등락률을 비교한 것이다.

2010년 세계 주가는 평균 4% 하락했는데 중국은 17%나 하락했으니 의아한 생각을 떨치기 어렵다.

이유가 뭘까? 중국에 대해 어느 정도 안다고 자부하는 사람도 납득할 만한 이유를 찾기가 쉽지 않다. 지나치게 올랐던 후유증일까? 그것을 알아보기 위해 2008년 9월 1일부터 2009년 말까지의 주가상승률을 비교한 것이 〈그림 2-23〉이다.

중국의 주가상승률이 눈에 두드러진다. 금융위기 이후 2009년

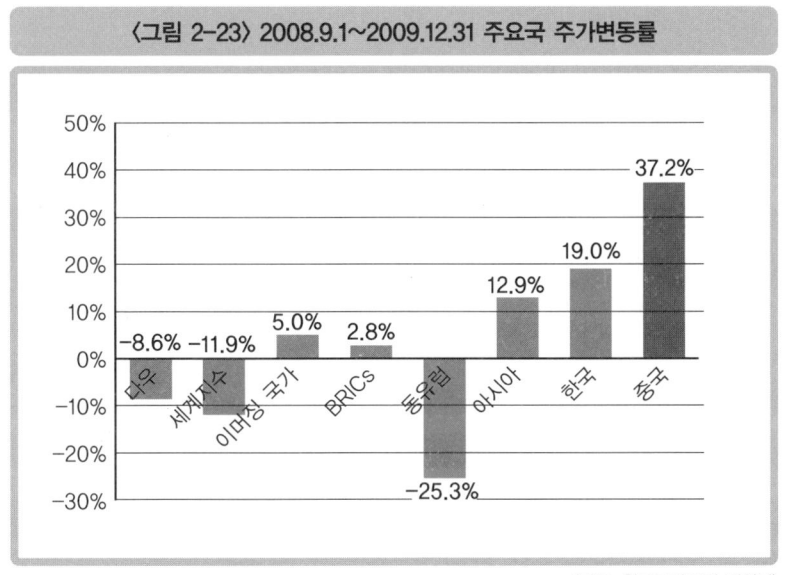

〈그림 2-23〉 2008.9.1~2009.12.31 주요국 주가변동률

(자료: 한국투자증권 데일리)

말까지 세계 평균은 12% 하락했는데 중국은 무려 37%나 상승했으니 타의 추종을 불허하는 경이로운 상승이었다.

중국이 2009년 말까지 세계 최고의 주가상승률을 보인 데는 여러 요인이 작용했다. 먼저 세계 최고의 경제성장률이 꼽힌다. 2009년 중국 경제는 9.1% 성장하여 미국의 −2.4% 성장은 말할 것도 없고 전 세계 성장률 −0.6%와도 비교를 거부할 정도였다.

더 중요한 요인은 유동성이다. 한국이 2009년 0.2%의 경제성장률로 세계 주가를 42%나 초과 상승할 수 있었던 것도 유동성의 힘이었듯이 중국 역시 유동성이 주가상승에 큰 힘이 되었다. 중국의 유동성이 얼마나 증가했는지 객관적인 수치로 알아보자.

〈그림 2-24〉는 중국의 통화량 증가율을 보여준다. 2009년 중국

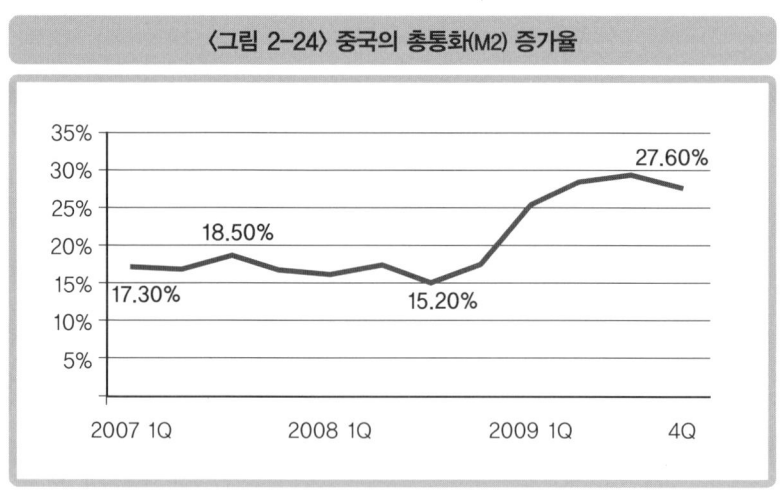

〈그림 2-24〉 중국의 총통화(M2) 증가율

의 총통화가 27.6%나 증가했다. 경이로운 통화 증가율이다. 아직 경제성장 단계가 선진국은 물론 한국보다 낮은 단계임을 감안하더라도 통화량이 이 정도로 증가한다는 사실이 믿기지 않는다.

상식을 초월할 정도로 통화량이 증가하면 주식과 부동산은 물론 다른 자산들도 가격이 오르지 않을 수 없다. 설사 경제성장률이 세계 최고가 아니었더라도 유동성의 힘만으로 주식과 부동산가격은 세계 최고로 상승했을 것이다.

주가를 움직이는 가장 중요한 두 요소인 경제성장률과 유동성 증가율이 모두 세계 최고였으므로 주가가 세계 최고로 올랐던 것은 당연한 현상이었다.

그런데 2010년 들어 주가가 세계 최악의 하락률을 기록하는 것은 왜일까? 이 역시 경제와 유동성의 문제일까?

경제성장률은 2009년보다 더 높아지고 있다. 2010년 상반기 11.1% 성장한 중국 경제는 하반기에도 이 정도의 성장을 지속할 것으로 많은 연구기관들은 전망하고 있다. 여전히 세계 최고의 성장률이다. 그러므로 경제에서는 주가의 하락요인을 찾을 수가 없다.

유동성은 어떤가? 2010년 들어 중국 정부는 유동성의 과도한 증가에 대해서 공식적으로 우려를 표명했고, 금융정책을 단계적으로 강화할 것을 발표했다. 1월 16일에 0.5% 인상했던 지급준비율을 2월과 5월에 두 차례 더 인상했다.

실제 유동성 동향은 어떤가? 총통화 증가율은 2010년 7월 말 현재 17.6%로 여전히 높다. 유동성 증가를 결정하는 대출도 높은 증가를 지속하고 있다. 대출 증가를 주도하는 중장기대출을 보면 2분기에 1조 5700억 위안이 신규로 공급되었다. 2분기 중국 GDP의 9%에 달하는 엄청난 금액이다.

그러나 2009년과 비교하면 유동성 증가율이 크게 감소했다. 총 통화 증가율은 2009년의 27.6%에 비해 크게 낮아졌고, 중장기대출 증가 역시 2009년 2분기와 비교하면 25%가 감소했다.

그러므로 2010년 중국 증시가 세계 최악의 하락률을 기록한 원인은 실물경제도 아니고, 유동성 증가율 자체도 아니다. 유동성 증가율이 둔화된 것이 중국 증시를 급락으로 이끌었던 것이다. 실제로 금융긴축조치가 발표될 때마다 중국의 주식시장은 크게 출렁거렸다. 유동성 총량은 엄청나게 풍부하고 여전히 두 자릿수의 증가를 유지하는데도 주가가 유동성의 향후 추이에 민감하게 반응했던 것이다.

유동성 총량이 아니라 증가율 추이가 중요하다

중국 주식시장의 사례는 향후 한국의 주식과 부동산가격을 전망하는 데 아주 중요한 점을 시사한다. 그것은 이 글 맨 앞의 '부동산 토론방'의 댓글과 주식 펀드매니저인 후배의 생각이 틀렸다는 것을 말해준다.

많은 사람들이 생각하는 것과 달리 주식과 부동산가격은 유동성 총량이 아니라 유동성 증가 추이에 더 큰 영향을 받는다. 그것을 지금 중국의 주식시장이 생생하게 보여주고 있다.

유동성 총량보다 유동성 증가율 추이가 더 큰 힘을 발휘하는 것은 어떻게 설명할 수 있을까? 앞에서 나왔던 통화창출이론의 핵심을 되새겨보면 그 답을 발견할 수 있다.

'유동성 증가의 메커니즘은 대출 증가다.'

그러므로 유동성이 많다는 것은 경제주체들의 대출이 엄청나게 많다는 말과 동의어다. 2006년 초부터 2010년 5월 말까지 한국의 통화량이 610조 원 증가한 것을 뒤집어보면 그 금액과 대등하게 대출이 증가한 것이다. 내 통장에 돈이 1억 원 증가했는데 빚도 1억 원 증가한 것을 생각하면 피부에 와 닿을지 모르겠다.

대출이 엄청나게 증가한 이유는 경제주체들이 공격적으로 '대출 받아 투자하기'에 몰두한 결과였다. 그런데 어느 순간 대출의 증가가 주춤한다면 그것은 더 이상 '대출 받아 투자하기'를 하지 않고 있음을 말한다. 그런데 과거에 대출을 받아 마련한 돈인 유동성으로는 계속 투자를 할까? 상식적으로 일어나기 어려운 일이다. 오히려 과거에 대출 받아 투자한 것들도 한 번쯤 매도를 고려하는 것이 정상일 것이다.

버블의 마지막 국면에서는 버블의 팽창기보다 유동성이 더 풍부해진다. 미국의 서브프라임 버블 붕괴가 시작될 때도 유동성은 넘쳐났었다. 오랫동안 '대출 받아 투자하기'를 계속한 결과 유동성이 풍부해진 것이다. 다시 말하지만 유동성이란 대출의 결과물인 것이다. 그런데도 '유동성이 풍부하니까 괜찮을 거야'라는 생각으로 파티장에 끝까지 남아 있다면 그 최후가 어떨지는 불을 보듯 뻔하다.

흥미로운 점은 중국의 부동산은 2010년에도 지칠 줄 모르고 치솟고 있다는 사실이다. 한국이 부동산 버블은 꺼지고 주식만 '나홀로 파티'를 즐기는 것과 완전 반대이면서 또 본질적으로는 똑같은 현상이다.

2009년 한국과 중국의 주식과 부동산이 모두 파티를 즐겼는데, 2010년 들어 둘 중 하나는 파티가 끝나고 나머지 하나만 파티를 즐기는 것은 어떻게 해석해야 할까? 그것도 중국과 한국이 서로 다른 양상을 보이고 있는데. 다음 장에서 자세히 알아보자.

3장

주식 '나홀로 파티'와 환율

ⓞ1

주식시장, '나홀로 파티'
얼마나 갈까?

2010년 들어 유동성 파티의 양상이 바뀌고 있다. 2009년은 주식과 부동산이 함께 폭등한 해였다. 그것도 전 세계가 자산가격 급락으로 고통 받는 와중에 한국의 자산시장만 '나홀로 파티'를 즐겼던 것이다.

2010년 들어서자마자 부동산은 상승세가 멈추는가 싶더니 이내 하락세가 완연해졌다. 그런데 주가는 전고점을 경신하며 여전히 파티를 즐기고 있다. 전 세계에서 한국의 자산시장, 그중에서도 주식만 상승하는 현상은 어떻게 설명할 수 있을까? 또 그것이 시사하는 바는 무엇인가?

사실 이런 현상은 주식시장에서는 흔히 볼 수 있는 모습이다. 장

기간 지속된 상승장의 마무리 국면에서 빠지지 않고 나타나는 상승 종목의 슬림화 현상과 같은 양상이기 때문이다.

주식시장의 상승추세가 초기국면을 지나 본격 상승국면에 돌입하면 모든 주식들이 상승세에 합류한다. 그것은 모든 주식을 띄울 정도로 상승 에너지가 강화되었기 때문이다. 상승 에너지란 다름 아닌 유동성이다. 상승세가 오래 지속되어 상승 에너지가 약화되면 상승종목은 다시 소수로 압축된다. 모든 주식을 다 들어 올리기에는 에너지가 부족하기 때문이다. 마지막까지 상승대열에 남는 주식들은 대개 호재가 뒷받침되거나 적은 에너지로도 상승을 유지할 수 있는 종목들인 경우가 많다.

한국 자산시장이 2010년 보여주는 양상도 이런 원리로 해석하면 또렷이 이해된다. 2009년 엄청나게 풀린 시중 유동성은 주식과 부동산을 비롯한 모든 자산을 끌어올릴 정도의 힘을 가지고 있었다. 그리고 유동성의 원천은 대출이었다.

그러나 2010년 들어 대출의 증가속도가 둔화되기 시작했고 동전의 양면처럼 시중 유동성도 줄어들기 시작했다. 모든 자산을 다 끌어올리기에는 힘이 벅찬 상황이 된 것이다. 종목의 슬림화가 필연적이었고, 부동산이 상승대열에서 탈락한 것이다. 부동산에서 더 이상 수익을 낼 수 없다고 판단한 투자자들 중 일부가 주식으로 옮겨가므로 주식의 유동성은 강화되기도 한다.

부동산에서 강남만 홀로 버티고 있는 것도 상승 마무리 국면의 슬림화 현상에 다름 아니다. 상승 에너지인 유동성이 줄어들자 하나 둘 상승대열에서 탈락하고 강남만 남아 있는 국면이다. 그러나 시간이 더 지나 상승장이 끝나면 강남 역시 하락대열에 합류할 것이고, 그때는 하락폭이 더 커지는 것이 과거 경험이었다.

상승 마무리 국면의 슬림화 현상

주식과 부동산 중 주식만 상승할 수 있었던 이유는 무엇일까? 이 역시 주식 상승장의 마무리 국면에 나타나는 현상과 동일한 원리가 작용한 것으로 볼 수 있다. 주식은 부동산에 비해 상대적으로 적은 에너지로도 상승이 가능하다. 더욱이 주식에는 외국인의 유동성 공급이 이어지고 있었다. 게다가 코스피 1400 아래서 정신없이 팔아대던 국민연금이 무슨 생각에선지 주식에 돈을 쏟아붓고 있다. 수급 면에서도 부동산보다 주식이 더 유리한 것이다. 하나 더 중요한 이유가 있다. 주식에는 굉장히 큰 호재가 있는데 그것은 바로 환율이다.

그러면 주식의 나홀로 상승은 얼마나 지속될까? 주식만 마지막까지 상승시킨 요인들이 얼마나 큰 힘을 가졌는지에 따라 좌우될 것이다. 특히 환율동향이 중요하다. 그러나 더 중요한 사실은 유동성 파티가 끝나간다는 것이다. 2002년경부터 시작한 한국의 자산 버블이 생성과 팽창 과정을 지나 붕괴국면에 접어든 사실이 더 중요하다.

주식이든 부동산이든 오랜 기간 파티를 즐길 수 있었던 근본은 유동성이었다. 그 유동성이 감소국면에 접어들었는데 다른 개별 요인들만으로는 파티를 지속시키기에 역부족일 수밖에 없다.

2010년 주식의 '나홀로 상승'을 주식 강세장의 마무리 국면에 비유한 것에 대해 강력한 태클을 걸 사람이 분명 있을 것이다. 그들은 아마도 증권분석가일 가능성이 높다. 그리고 그들이 반박논리로 내세울 이야기는 이런 내용일 것이다.

"한국 주식시장의 밸류에이션이 낮기 때문에 추가 상승 여력이 있다. 밸류에이션이 낮은 것은 높은 기업이익 증가율 덕분이다."

맞는 말이다. 현재 한국 주식의 밸류에이션은 낮은 수준이다. 그리고 밸류에이션이 낮은 이유는 기업이익이 크게 증가했기 때문이다. 더욱이 금융이론에 의하면 주식의 가치(value)는 근본적으로 기업이익이 결정한다. 더 정확히 말하면 기업의 미래이익이 주식의 가치(value)를 결정하고, 주가란 길게 보면 가치에 수렴한다. 그러므로 주식분석가가 제기한 위 반론에는 분명 타당성이 있다. 그것이 유동성 파티의 큰 흐름을 돌려놓기에는 역부족이라 하더라도 최소한 하락의 폭과 속도를 완화시킬 수는 있다.

그러나 그들이 간과하고 있는 중요한 사실이 있다. 기업이익과 주식시장의 밸류에이션을 호전시킨 요인이 바로 환율이라는 사실이다. 그리고 그 환율이 현재의 상태를 오래 유지할 수 없다는 사실이다. 그러므로 그들이 말하는 기업이익의 호전은 장기적이라기보다는 단기적인 요인으로 그칠 가능성이 더 크다.

주식 나홀로 상승은 환율의 힘이다

한마디로 말하면 환율이 유동성과 함께 2009년 주식을 폭등시킨 힘이었고, 그 힘은 2010년에도 남아 있긴 하지만 오래 지속되기 어렵다는 것이다. 왜 그런지를 자세하고도 구체적으로 이야기하겠다.

다만 이처럼 중요한 환율에 대해 충분히 이해하려면 다소 긴 시간이 필요하다는 점을 미리 말해두겠다. 무엇보다 환율에 대한 선입견을 깨는 것이 중요하다. 두 가지만 이야기하겠다.

먼저 환율이라고 하면 대다수 사람들은 자신과는 별 상관없는 경제요소라고 생각한다. 해외여행을 가거나 자식을 해외유학 보내지만 않으면 환율이 오르건 내리건 나오는 경제적 이해관계가 전혀 없다고 생각한다. 아주 잘못된 생각이다. 환율이란 주가나 경제성장률보다도 나와 내 가족의 살림살이에 더 큰 영향을 주는 지극히 중요한 경제요소다. 잠시 후면 고개를 끄덕일 것이다.

환율에 대한 또 하나의 선입견은 경제현상 중에서도 가장 복잡하고, 그래서 이해하기 매우 어려운 분야라고 생각한다는 점이다. 그러다 보니 대학교수가 방송에 나와서 "환율이 올라야 경제가 좋아집니다"라고 터무니없는 말을 해도 그대로 믿어버리기 십상이다. 그러나 기본적인 지식만 알고 있으면 환율현상은 쉽게 이해할 수 있다.

그 기본지식을 정리해보자.

먼저 "환율이란 무엇인가?"라고 묻는다면 무엇이라 대답할까? 쉽다. "환율이란 달러를 사고파는 가격이다"라고 대답하면 정답을 말한 것이다. 환율이 오르면 달러를 더 비싸게 사고, 또 더 비싸게 파는 것이다.

그리고 달러를 원화로 사고파는 외환시장은 서울에만 있다. 왜냐하면 원화로 달러를 사거나 파는 사람은 한국 사람들이기 때문이다.

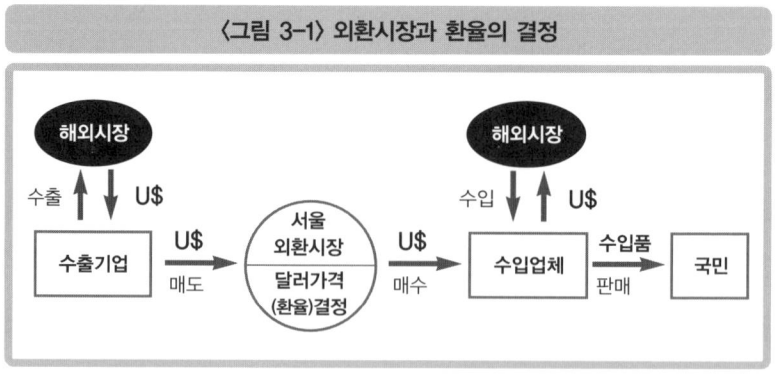

〈그림 3-1〉 외환시장과 환율의 결정

환율상승으로 수출기업은 이익, 국민은 손실

질문을 하나 더 하겠다. "환율이 오르면 누가 이익을 보고 누가 손해를 보는가?" 이 대답 역시 별로 어렵지 않을 것이다. 달러를 파는 사람이 이익을 보고, 달러를 사는 사람이 손해를 본다. 외환시장에서 달러를 파는 쪽은 주로 수출기업이고, 달러를 사는 쪽은 수입업체들이다. 그리고 수입업체들이 환율상승으로 더 부담한 비용은 최종소비자인 국민들에게 모두 전가된다.

아직 완전히 이해하지 못한 사람도 있을 것 같아 구체적인 실례를 들어보겠다. MB정부가 출범하던 2008년 2월 25일 환율이 947원이었다. 그리고 2009년 평균환율은 1276원이었다. 불과 1년여 만에 329원이나 올랐다. 상승률이 35%에 달했다.

어느 수출기업이 2009년 2억 달러를 수출하고, 해외에서 원자재와 기계설비를 1억 달러 수입했다고 하자. 그러면 그 기업은 2009년 수출과 수입 후에 1억 달러를 손에 쥐게 되었고, 그것을 외환시장에서 원화로 바꿨을 것이다.

환율이 MB정부 출범일의 947원이었다면 그 기업이 받았을 원화금액은 947억 원이었을 것이다. 그런데 MB정부 이후 환율이 1276원으로 폭등하였으니 그 기업이 실제로 받은 금액은 1276억 원이 되었다. 환율상승만으로 가만히 앉아서 329억 원의 이익이 증가한 것이다. 이것이 환율의 마법이다.

그런데 경제에 공짜란 없는 법. 그 329억 원만큼 한국 사람 중 누군가는 손해를 보았다. 자동차의 휘발유 비용을 생각하면 금방 이해할 것이다. MB정부 이전에 매달 30만 원씩 휘발유 비용을 지출하던 사람이라면, 똑같은 거리를 주행하고도 2009년에는 매달 40만 원을 지불해야 했다. 환율이 상승하자 휘발유 비용만으로 한 달에 실질소득이 10만 원 감소한 것이다.

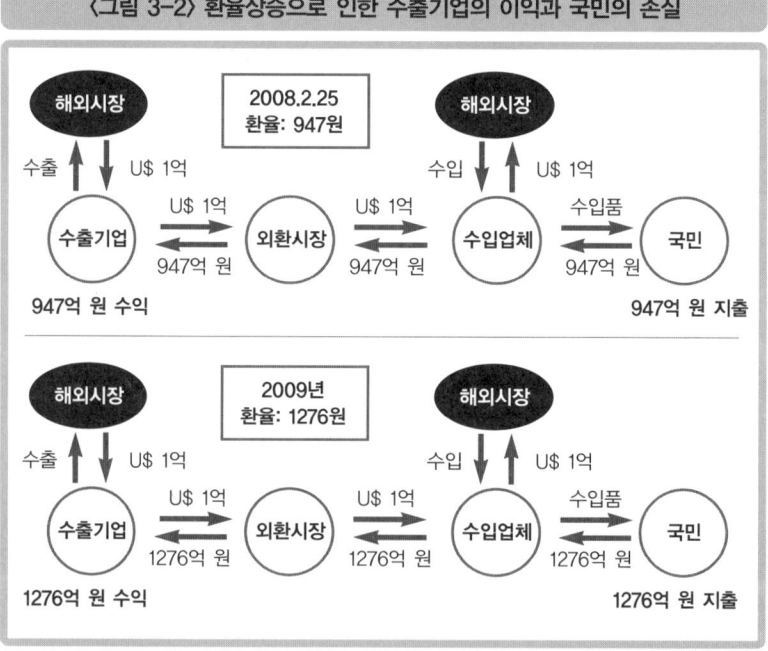

〈그림 3-2〉 환율상승으로 인한 수출기업의 이익과 국민의 손실

*그림을 보면 환율상승으로 수출기업이 이익을 보고 소비자인 국민이 손실을 보는 것이 뚜렷이 드러난다. 환율이 2008년 2월 25일의 947원에서 2009년 평균 1276원으로 상승하자 수출기업은 똑같은 1억 달러를 수출하고도 329억 원을 더 받았다. 반면 일반 국민은 1억 달러어치의 휘발유 등의 지출을 위해 947억 원이 아니라 1276억 원을 지출해야 했으므로 329억 원을 추가로 부담했다.

인도네시아 환율은 2.2% 하락, 원화환율은 25.3% 상승

질문을 하나만 더 하겠다. "원화환율의 적정수준이 얼마일까?" 전문가라 하더라도 대답이 쉽지 않은 질문이다. 이럴 때 유용한 방법이 다른 국가들의 환율과 비교해보는 것이다.

〈그림 3-3〉을 보자. MB정부 출범일부터 2010년 8월 12일까지의 주요국의 환율변동을 나타낸 것이다.

누가 보더라도 원화환율이 지나치게 많이 올랐다는 생각이 솟구칠 것이다. 일본이나 중국은 제쳐두고라도 한국보다 경제가 취약한 아시아 국가인 인도네시아와 말레이시아도 환율이 하락했다. 이들

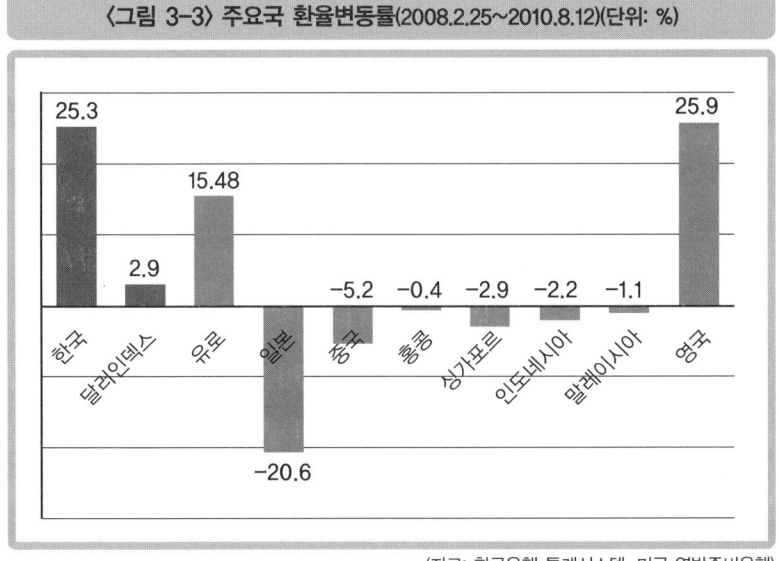

〈그림 3-3〉 주요국 환율변동률(2008.2.25~2010.8.12)(단위: %)

(자료: 한국은행 통계시스템, 미국 연방준비은행)

두 국가와 같은 수준으로만 변동했어도 2010년 8월 12일 환율은 1186원이 아니라 923원이었을 것이다.

우리가 알고 있는 상식으로 '환율은 그 나라 경제의 건강도를 나타내는 종합지표다' 라는 말이 있는데, 환율을 보면 한국이 당장 내일 망할 것 같으니 지독히 비정상적인 환율수준이다. 아시아 국가들과 경제상황을 비교한다면 환율은 900원 아래쪽이어야 정상이다.

세계 모든 통화의 달러 대비 평균 환율변동을 나타내는 것이 달러인덱스인데, 이 달러인덱스가 2.9% 상승했다. 비중이 큰 유로가 2010년 불거진 그리스 등의 국가부도사태로 급락했고, 영국의 신용등급 하락과 재정적자 위기로 파운드화가 폭락했기 때문이다. 그런데 원화환율은 25%나 올랐다. 상식으로는 도저히 이해할 수 없는 점이 한둘이 아니다.

25%의 원화환율 상승이 적정한지 확인하는 방법이 있다. 경제학의 가장 기초인 수요와 공급의 법칙을 적용하는 것이다. 환율이란 달러의 가격이고, 그 가격은 외환시장에서 달러의 수요와 공급에 의해 결정되기 때문이다. 더구나 외환시장의 수요와 공급은 그 구성이 극히 단순하고, 그 데이터를 구하기도 쉬우므로 오차도 크지 않다.

달러의 공급을 결정하는 가장 큰 요소는 수출이고 수요를 결정하는 것은 수입이다. 그 외에 달러의 수요와 공급에 큰 영향을 미치는 것은 외국인의 국내 주식투자다. 수출과 수입에 대해서는 한국은행이 매달 경상수지라는 이름으로 통계를 발표하고 있고, 외국인 투자동향은 금융감독원이 매달 발표하고 있다.

그 외에도 내국인의 해외투자 등 몇 가지 요소가 달러의 수요와 공급에 영향을 미치기는 하지만, 정확한 데이터를 구하기가 쉽지 않고 그 영향이 미미하므로 제외하기로 하겠다.

〈표 3-1〉은 2008년 2월 MB정부가 출범한 이후의 경상수지와 외국인의 주식순매수를 집계한 것이다.

적정 환율은 900원 아래

MB정부 출범 직후인 2008년 3월부터 2010년 6월 말까지 경상수

〈표 3-1〉 2008년 3월~2010년 6월의 경상수지와 외국인투자동향

	2008.3~12월	2009년	2010.1~6월	합계
경상수지	△11억 달러	427억 달러	116억 달러	532억 달러
외국인투자	△515억 달러	265억 달러	58억 달러	△192억 달러
합계	△526억 달러	692억 달러	174억 달러	**340억 달러**

1. 경상수지는 수출, 수입 외에 해외여행, 유학 등 상품외수지를 포함
2. 외국인투자는 외국인의 주식순매수를 매월 평균환율로 환산한 금액임
3. △는 경상수지 적자와 외국인의 순매도를 표시함

지는 532억 달러 흑자였고, 외국인투자는 192억 달러 순매도였다. 그러므로 그 기간 동안 외환시장에는 경상수지 흑자인 532억 달러의 달러공급과 외국인 순매도인 192억 달러의 달러수요가 발생했다. 달러공급이 수요를 크게 초과한 것이다. 공급초과액이 무려 340억 달러에 달했다.

경제학의 수요와 공급의 법칙에 의하면, 공급이 수요를 초과하면 가격은 하락한다. 초과공급이 340억 달러나 되므로 환율은 엄청나게 하락했어야 정상이다. 즉 MB정부 출범일의 947원은 물론 900원보다 훨씬 더 아래에 있어야 한다. 자본주의의 근본인 시장원리가 제대로 작동되었다면 말이다.

그런데 현실은 어떤가? 2010년 8월 12일 현재 환율이 1186원이다. MB정부 출범일보다 253원, 즉 25%나 올랐다. 다시 말해 외환시장에서 시장원리가 무너진 것이다. 시장이 무너졌다는 말로는 표현이 부족할 지경이다. 시장원리가 무너진 이유가 MB정부의 '고환율정책' 때문이라는 사실은 길게 말하지 않아도 알고 있을 것이다. 입만 열면 시장원리 운운하는 정부가 인위적으로 시장원리를 무너뜨리는 일을 버젓이 자행하였다.

환율에 대해 더 많은 이야기를 해야 하지만 독자들의 집중력과 인내에 한계가 있을 것 같아 이 정도로 마무리하겠다. 이만 하면 환율에 대한 기본지식은 이미 갖춘 셈이기도 하고.

이제 본론으로 들어가도록 하자. 환율이 주가에 어느 정도 영향을 주었는지, 그리고 향후 환율은 어느 방향으로 움직일지에 대해 다음 장에서 이야기하겠다.

환율에 대해 더 많이 알고자 하는 사람은 필자의 졸저인 《환율지식이 돈이다》(2010년 5월, 21세기북스)를 읽어보기 바란다.

02

'삼성전자가 만든 기적'의
실체

　　2009년 세계 경제에서 일어난 기적들을 꼽으라면 아마도 삼성전자가 첫 손가락에 꼽힐 것이다.

　삼성전자는 2009년 사상 최대 실적을 냈다. 세계 경제가 몇 십 년 만에 최악의 경제위기를 겪고 있는데, 수출로 먹고사는 기업이 사상 최대의 실적을 냈으니 이것이 기적이 아니면 어떤 일이 기적이겠는가?

　삼성전자의 기적은 주가에서 또 한 번 일어났다. 삼성전자는 전 세계가 금융위기를 겪는 중에 사상 최고의 주가를 여러 차례 경신했다. 사상 최고의 주가보다 더 경이로운 사실은 동종업종의 다른 기업들의 주가가 곤두박질치고 있는 와중에 그런 업적을 이루었

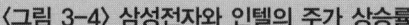

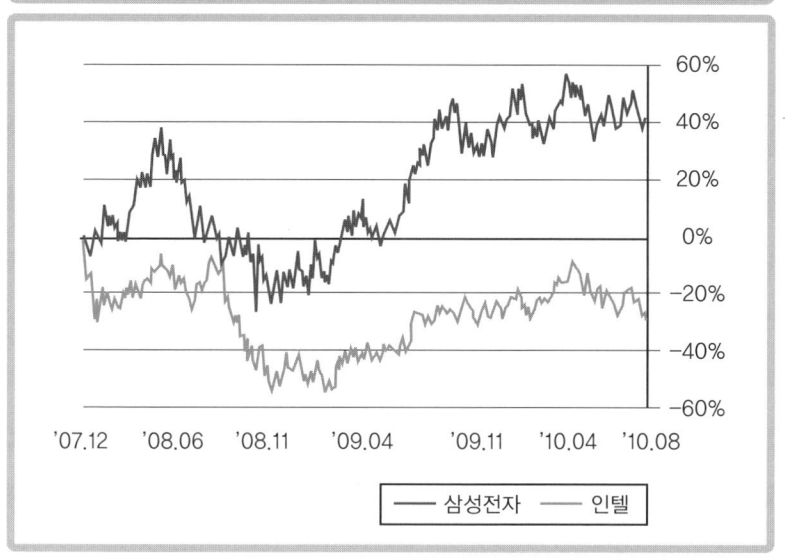

(자료: 한국증권거래소, 나스닥)

다는 것이다.

삼성전자와 같은 전자업종의 세계 최대 기업으로 미국의 인텔과 일본의 소니가 있다. 이 중 미국의 인텔과 삼성전자의 주가를 비교한 것이 〈그림 3-4〉다.

금융위기도 없었고 환율폭등도 없었던 2007년 말부터 2010년 8월 20일까지의 주가 움직임을 보고 벌린 입을 다물지 못하는 사람이 많을 것이다. 그 기간 중 인텔의 주가는 29% 하락했는데 삼성전자는 41%나 상승했다.

혹시 인텔만 특별한 문제가 있었던 건 아닐지 의심할 사람도 있

	2007년 12월 31일	2010년 7월 30일	등락률
인텔(Intel)	U$26.66	U$20.6	-23%
소니(Sony)	¥6,200	¥2,705	-56%
난야(Nanya)	T$54.5	T$21.65	-60%
평균	-	-	**-46%**
삼성전자	₩556,000	₩810,000	**+46%**

〈표 3-2〉 주요 전자기업의 주가 비교

(자료: 한국증권거래소, 나스닥, 도쿄증권거래소, 대만증권거래소)

을 수 있으니 다른 기업들과도 비교해보자. 일본의 소니와 대만의
최대 반도체기업인 난야(Nanya)의 주가와 비교한 것이 〈표 3-2〉다.

세계적인 전자기업 세 곳의 평균주가는 46% 하락했는데, 삼성전
자는 46% 상승했다. 두 눈으로 똑똑히 보고도 믿기지 않는 결과다.
만약 삼성전자가 세계 전자기업들과 똑같은 상승률을 보였다면 주
가는 얼마였을까? 세 개 기업의 평균만큼 변동했다면 81만 원이 아
닌 30만 원이었을 것이다. 인텔과 같은 등락을 보였더라도 삼성전
자의 주가는 42만 8000원이었을 것이다.

삼성전자 주가가 81만 원이 아니라 43만 원?

삼성전자가 세계적인 전자기업들을 엄청난 격차로 초과 상승할

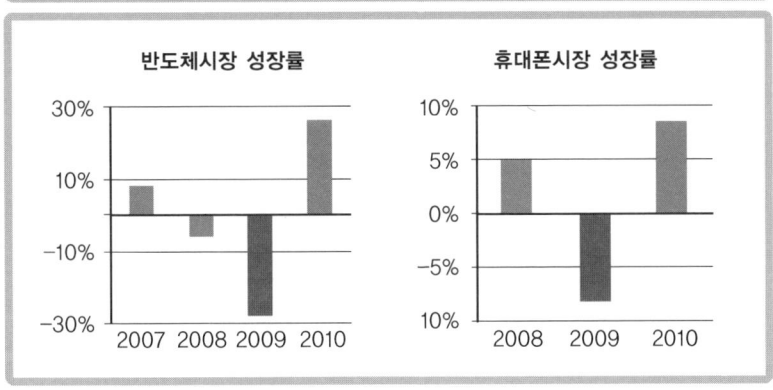

(자료: 한국은행 〈2010년 경제전망〉)

수 있었던 것은 사상 최대의 이익 덕분이었다. 그러면 삼성전자의 기적 같은 이익은 어떻게 가능했을까?

한국은행의 〈2010년 경제전망〉을 보면 2009년에 삼성전자의 주력제품인 반도체의 세계시장 규모가 전년보다 30% 가까이 줄어든 것으로 나타났다. 반도체는 삼성전자 총매출에서 26%를 차지한다. 또 다른 주력제품으로 매출비중이 30%가 넘는 휴대폰의 세계시장 규모는 10% 가까이 감소했다. 몇 십 년 만에 최악의 경제위기를 실감하게 하는 시장상황이었다.

시장규모가 그 정도 감소하면 그 기업은 순손실이 나는 것이 정상이다. 그런데 삼성전자는 손실은커녕 사상 최대의 이익을 구가했으니 기적이라고 부르는 데 이의가 있을 리 없다. 다만 그런 기적이 어떻게 가능했을지가 궁금할 뿐이다.

이제 앞에서 공부한 환율의 기본지식을 활용할 기회가 왔다. MB 정부가 출범한 2008년 2월 25일 947원이었던 환율이 2009년 평균 환율 1276원으로 폭등한 것이 삼성전자의 이익에 얼마나 기여했는지 계산해보는 것이다. 계산에 필요한 데이터는 금융감독원 (www.fss.or.kr)의 'DART(전자공시시스템)'에서 정기공시를 클릭하여 거기에서 삼성전자의 〈2009년도 사업보고서〉를 조회하면 얻을 수 있다.

수고를 덜기 위해 필요한 수치들을 알려주면, 2009년도 삼성전자의 총매출은 90조 원이고, 수출비중은 83%였다. 정확한 계산을 위해서는 삼성전자의 원자재 및 기계설비의 수입액을 알아야 하는데 그 데이터는 나와 있지 않다. 참고로 우리나라 전체 수출액 중 원자재와 기계설비 수입액의 비율은 36%였다.

계산결과가 너무 엄청나서 자신의 산수실력을 의심할지도 모른

〈표 3-3〉 2009년도 삼성전자의 환율상승에 따른 이익증가액 추정

계산 항목	금액	계산 산식
총매출액	₩ 90조	
수출액(추정)	U$ 586억	(총매출 × 83%) ÷ 1276
원자재 등 수입액(추정)	U$ 264억	수출액 × 45%
순수출	U$ 322억	수출액 − 수입액
환율상승	₩ 329	1276원 − 947원
이익 증가액(추정)	**₩ 10.6조**	순수출 × 환율상승

다. 삼성전자의 원자재 및 기계설비 수입비중을 우리나라 평균보다 더 높게 잡아 45%로 계산해도 10조 6000억 원이 나온다.

어떤 사람은 "환율상승으로 얻은 이익이 10조 원이 넘는다면 2009년 삼성전자의 순이익보다 많다. 환율상승이 없었다면 삼성전자가 손실을 내기라도 했다는 말이야?" 하고 제법 강한 톤으로 반박을 해올지도 모른다.

거기에 대해서는 나보다 더 권위 있는 분의 말을 인용하기로 하겠다.

"삼성전자와 현대차가 2009년 3분기 사상 최대의 이익을 냈다고 하지만 환율효과와 재정지출효과를 빼면 사상 최대의 적자가 됐을 것이다."

2009년 10월 13일 전국경제인연합회의 초청강연에서 강만수 전 기획재정부 장관이 했던 말이다. '고환율정책'을 기획하고 또 집행했던 당사자가 재벌 기업인들을 앞에 앉혀두고 한 말이니 터럭만큼도 의심의 여지가 없을 것이다.

"환율효과가 없었으면 삼성전자 손실 났을 것"

환율상승이 삼성전자의 이익에 얼마나 크게 기여했는지 모두 알았을 것이다. 환율상승으로 엄청나게 이익이 증가한 기업은 삼성전자뿐만이 아니다. LG전자도 있고 현대차도 있으며 그 외에도 무수히 많은 기업이 환율상승의 혜택을 톡톡히 누렸다. 그 기업들이 챙긴 이익금액의 계산은 각자 해보기로 하고 시야를 상장기업 전체로 넓혀보도록 하자.

〈그림 3-6〉은 12월 결산 상장사의 2008년과 2009년의 실적을 보여준다. 2009년의 실적은 놀라움 그 자체다. 금융업을 제외한 12월 상장법인 553개사의 매출이 전년보다 1.1% 증가하고, 영업이익은 4.1% 증가, 순이익은 71% 증가했다. 전년도인 2008년 순이익이 41% 감소한 것을 감안해도 믿기지 않는 이익증가다.

삼성전자를 통해 구체적으로 계산까지 해보았으니 그런 경이로운 이익증가가 어디서 왔는지는 모두 알 것이다. 최악의 경제위기

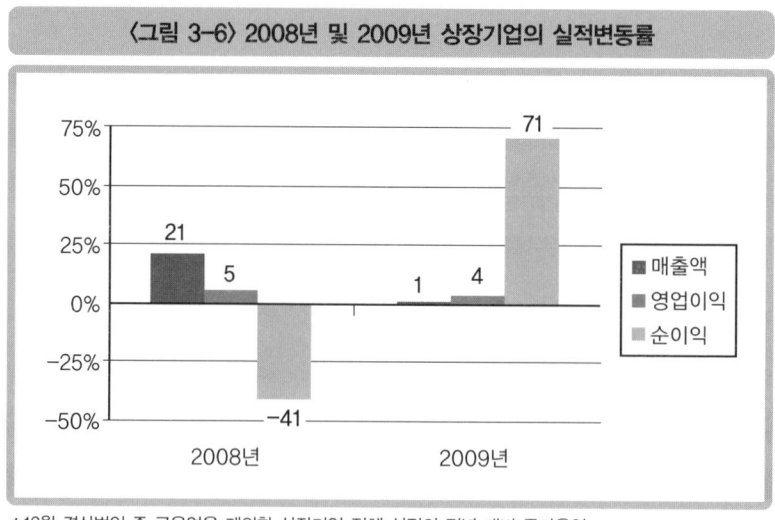

〈그림 3-6〉 2008년 및 2009년 상장기업의 실적변동률

*12월 결산법인 중 금융업을 제외한 상장기업 전체 실적의 전년 대비 증가율임

라는 소용돌이 속에서도 금융위기 이전인 2007년의 이익수준을 회복한 것은 환율 말고는 달리 근거를 찾을 수 없다.

더 구체적인 데이터로 확인해보자.

삼성경제연구소의 2010년 6월 1일자 '최근 한국 수출의 선전요인과 시사점'에 의하면, 세계 경제의 불황으로 모든 제품에 대한 수요가 감소하여 제품가격에 하락압력이 가중되었고, 그 결과 2009년 전 세계 수출단가는 전년 대비 10.6% 하락했다.

수출단가가 10% 하락했으니 수출기업 중 이익이 나는 곳이 거의 없었을 거라는 자연스런 생각이 뒤따를 것이다. 한술 더 떠서 한국 수출제품의 수출단가는 16.5%나 하락했다.

그것은 환율이 35%나 상승하여 수출단가 하락에도 불구하고 이익률이 크게 상승하자 한국의 수출기업들이 수출단가를 더 인하했기 때문이다. 그 대가로 수출금액이 더 증가했음은 물론이다. 그러고도 한국의 2009년 총수출은 전년보다 13.9% 감소했다.

2009년 한국 수출기업들의 영업상황을 한마디로 표현하면 이렇다.

'수출액은 13.9% 감소했고, 수출단가는 16.5% 하락했다.'

매출이 줄고 판매가격은 더 크게 하락했으니 그야말로 최악의 상황이었다. 세계 경제가 수십 년 만에 최악이었으니 전 세계 기업들이 모두 이런 최악의 상황에 처해 있었다. 이런 상황이라면 강만수전 장관의 말을 굳이 빌리지 않더라도 수출기업들이 사상 최악의 손실을 입었을 것이라고 쉽게 짐작할 수 있다.

그런데 환율이 35%나 폭등하여 매출액과 판매가가 두 자릿수나 감소했음에도 불구하고 순이익이 두 배 가까이 증가했다. 환율의 힘이 얼마나 큰지 감탄사를 연발하게 한다.

그 덕분에 수출기업들의 주가가 사상 최고가를 경신하고 있으니 마냥 행복해하면서 MB정부의 '고환율정책'에 박수와 찬양을 보내야 할까?

그러나 경제에 공짜점심은 없는 법 아니던가? 수출기업들이 챙긴 이익만큼 국내의 누군가는 손실을 입은 것이 경제의 상식이고 세상이치다. 그들은 다름 아닌 한국 국민 전체다. 그 구체적인 실상과 또 그것이 한국 경제와 자산시장의 유동성 파티에 어떤 영향을 미치는지 다음 글에서 보도록 하자.

03

'고환율정책'이
버블 붕괴를 재촉한다

집에서 나와 버스를 타러 가다 보면 상가와 음식점들이 모여 있는 곳을 지나게 된다. 그곳을 지날 때마다 눈길을 끄는 것이 있다. 가게 유리창에 붙여진 '임대 문의'라는 안내문이다.

2년 전부터 부쩍 '임대 문의'가 많아졌다. 개업한 지 채 6개월도 안 된 옷가게도, 우리 가족들이 몇 번 외식을 했던 중국집도 장사가 안 되어 가게를 내놓은 것이다.

버스를 기다리다 무심코 정류장 옆의 철제함에서 2010년 7월 23일자 〈수원 벼룩시장〉을 꺼내 펼쳤는데 또 한 번 코끝이 찡해졌다. 팔려고 내놓은 가게와 음식점들이 빼곡히 적혀 있어서다. 세

어봤더니 수원 지역만 362곳이다. 버티고 버티다 더 이상 버틸 수 없는 상황이 되어 가게를 내놓았을 것이다.

"전 세계적인 금융위기에 경제위기까지 겹쳤으니까 자영업도 사업이 안 되는 것이 당연한 일 아니냐?"고 가볍게 치부해버릴 사람도 있을 것이다. 그러나 그것은 사실이 아니다. 비단 정부와 여당의 높은 사람들이 자랑 삼아 하는 말들을 곧이곧대로 믿어서가 아니다.

앞에서도 밝혔듯이 한국은 아직까지 금융위기를 겪지 않았다. 대출은 급증하고 시중에 유동성은 넘쳐난다. 금융위기란 한국 경제에는 미래의 일이지 과거 혹은 현재의 상황이 아니다.

실물경제는 어떤가? 경제위기 혹은 불황인지 아닌지를 결정하는 지표는 경제(GDP)성장률이다. 그 성장률이 2009년 0.2%이긴 하지만 플러스였고, 2010년 상반기는 훨씬 더 높은 7% 이상의 성장을 구가하고 있다. 그러니 경제위기라는 말로 자영업의 몰락을 정당화하는 것은 전혀 정당하지 않은 일이다.

국민총소득은 증가했는데……

"GDP가 성장했을지는 모르지만 실물경제는 불황이다"라고 말한다면 "경제가 성장하는데 불황이다"라는 말만큼이나 앞뒤가 맞지 않다. 경제학에서 GDP를 중요하게 여기는 것은 그것이 국내총생산인 동시에 국민총소득이기 때문이다. 그러므로 2009년 GDP가 0.2% 성장했다는 것은 우리 국민 전체의 소득이 0.2%이긴 하지만 증가했다는 사실을 말한다. 그리고 2010년 상반기 7% 넘게 성장했다는 것 역시 국민 전체의 소득이 2010년 들어 급속하게 증가하고 있다는 것을 의미한다.

그러니 2009년이나 2010년 한국 경제는 불황을 겪었던 것이 아니다. 불황은커녕 눈부신 성장을 구가하고 있는 것이 한국 경제 전체의 상황이다. 수출대기업들이 10조 원이 넘는 사상 최대의 이익을 내고 있고, 외제차 수입이 사상 최대로 증가하고 있는 것들이 그것을 말해준다. 고급 백화점의 매출이 두 자릿수로 증가하는 것은 명함도 못 내밀 정도다. 다만 서민만 살림살이가 쪼그라들고 자영업만 몰락에 가까운 위기를 겪고 있는 것이다.

정부가 발표한 자료를 통해 서민경제와 자영업의 상황이 어떤지 객관적인 수치로 확인해보자. 기획재정부가 발표한 〈2010년 하반기 경제정책 방향〉에는 정부가 직접 일반 국민들이 느끼는 체감경기를 조사한 결과가 포함되어 있다. 그 결과는 '경제가 좋아졌다 15.7%, 경제가 나빠졌다 46.7%'였다. 일반 국민들의 절반이 경기가 나빠졌다고 실감하고 있음이 정부 조사에도 드러난다. 일반 국민이 아니라 서민을 대상으로 조사했다면 90% 이상이 경기가 나쁘다고 대답했을 것이다.

자영업에 대한 유일한 통계는 통계청이 발표하는 고용동향이다.

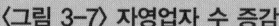

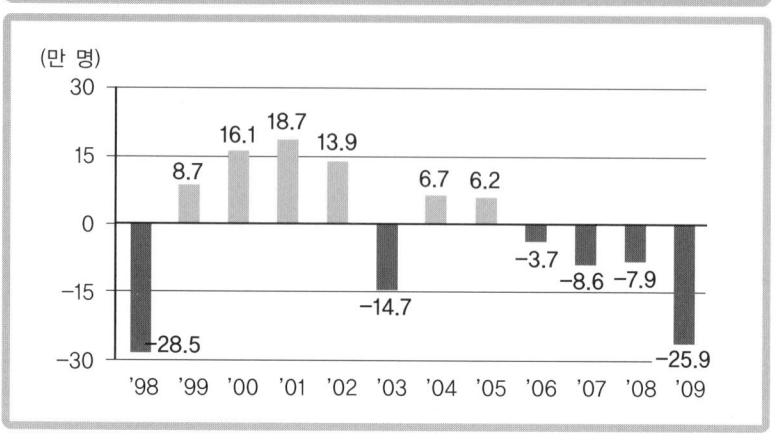

(자료: 통계청 〈고용동향〉)

〈2009년 고용동향〉에 따르면 2009년 한 해 자영업자 수가 25만 9000명이나 줄었다. 새롭게 창업을 한 곳도 있을 테니까 실제로 문을 닫은 곳은 그 두세 배가 넘을 것이다. 매일 2000곳이 장사가 안되어 문을 닫은 것이다.

1998년은 단군 이래 최악의 경제위기라고 불렸던 외환위기가 정점에 이르렀던 해다. 그해 자영업자는 28만 5000명 감소했다. 카드대란으로 내수침체가 극심했던 2003년은 14만 7000명이 줄었다.

자영업자들에게 2009년은 외환위기와 맞먹게 어려웠고, 카드대란보다는 두 배나 고통스런 해였다.

서민경제는 침체하고 자영업은 몰락하고……

정부가 직접 발표한 자료와 통계에서도 서민경제가 침체하고, 자영업은 몰락하는 한국 경제의 현실이 적나라하게 드러난 것을 확인했다.

서민들의 살림살이가 쪼그라들고, 그 여파로 자영업이 장사가 안 되어 문을 닫는 근본원인은 서민들의 소득이 감소했기 때문이다. 소득이 줄어드니 피부로 느끼는 경기가 나쁠 수밖에 없고, 외식이나 씀씀이를 줄일 수밖에 없어 자영업이 장사가 안 되는 것이다. 그러므로 지금 한국의 경제현실은 이렇다.

'국민 전체의 소득은 2009년에 감소하지 않았고, 2010년에는 크게 증가하고 있다. 그런데 서민들의 소득은 크게 감소했다.'

한국 경제의 현실을 알고 나니까 자연스레 이런 의문이 강하게 솟구칠 것이다. 누구나 알고 싶고, 또 알고 있어야 할 절실한 물음이다.

'서민들 몫의 국민소득이 누구의 주머니로 흘러들어 갔는가? 왜 그런 일이 생겼는가?'

MB정부의 경제정책이 이런 경제현실을 만든 장본인이다. 그중에서도 '고환율정책'이 서민경제의 침체와 자영업의 몰락을 가져온 주범이다. 이런 사실을 밝히는 일은 이제 어려운 과제가 아니다. 앞에서 배웠던 환율의 기본지식만 있으면 누구나 쉽게 설명할 수 있을 것이다.

구체적으로 고환율정책이 서민들의 주머니에서 얼마의 돈을 꺼내갔는지 계산해보자. 2009년 수입총액은 3231억 달러였고, 이 중 1305억 달러는 수출용 원자재 및 기계설비 수입액이었으므로 내수용 수입액은 1926억 달러였다.

MB정부 들어 2009년까지 환율이 329원 올랐으니 국민들이 환율상승으로 입은 손실액은 63조 원이다.

똑같은 방법으로 2008년 하반기와 2010년 상반기도 계산할 수 있을 것이다. 2008년 하반기 내수용 수입액은 1270억 달러였고 평균환율은 1214.03원이었다. 2010년 상반기 내수용 수입액은 1221억 달러였고, 평균환율은 1154.39원이었다. 국민 전체가 환율상승으로 입은 손실은 2008년 하반기에는 34조 원, 2010년 상반기에는 25조 원이다.

〈그림 3-8〉 환율상승으로 인한 가계 손실액

	내수용 수입액	환율	가계부담액	가계손실
2008년 하반기	U$1270억	947원 ➡ 1214.03원 ➡	120조 원 154조 원	**34조 원**
2009년	U$1926억	947원 ➡ 1276원 ➡	183조 원 246조 원	**63조 원**
2010년 상반기	U$1221억	947원 ➡ 1154.39원 ➡	116조 원 141조 원	**25조 원**

2008년 7월부터 2010년 6월까지 만 2년간 고환율정책으로 국민들의 실질소득이 122조 원 감소한 것이다. 4인 가족으로 치면 한 가구당 1000만 원이 넘는 소득이 감소했다.

'고환율정책'으로 가구당 1000만 원의 소득감소

MB정부의 고환율정책으로 가구당 평균 1000만 원이라는 어마어마한 금액의 실질소득이 감소한 것이 밝혀졌다. 그리고 이것이 서민경제 침체와 자영업 몰락의 주범이라는 사실도 알았다.

이제 본론으로 돌아가서 고환율정책이 어떻게 버블 붕괴를 재촉하는지 알아보자.

2010년 들어 부동산 버블의 붕괴가 시작되었다. 버블 붕괴를 촉발하고 또 가속화시키는 두 핵심요인은 대출축소와 부동산가격 하락이다.

먼저 대출을 보자. 은행이 대출 줄이기에 나서는 가장 큰 이유는 가계의 대출상환능력이 취약하기 때문이다. 그리고 가계의 대출상환능력은 소득의 크기에 비례하고 대출규모에 반비례한다. 즉 대출이 많을수록, 소득이 줄어들수록 상환능력이 약해진다.

고환율로 가계의 소득이 감소했다. MB정부 출범 후 2년간 가구당 1000만 원의 소득이 감소했으니 대출상환능력이 크게 약해졌다. '가처분소득 대비 가계부채비율'이 143%라는 최악의 상황까지 치솟은 데는 고환율로 인한 가계소득 감소가 한몫을 했다. 당연히 은행으로서는 가계의 신용위험이 높아진 것으로 판단하여 가계대출을 줄일 수밖에 없다.

은행의 최고경영진이 대출을 늘릴지 줄일지를 결정할 때 가장 중요하게 고려하는 연체율도 고환율의 영향권 하에 있다. 고환율로 가계의 소득이 2년간 1000만 원이나 줄었으니 대출의 원금은 고사하고 이자도 못 갚는 집들이 늘 수밖에 없다. 사업이 최악의 상황에 처해 있는 자영업자의 경우는 연체 가능성이 더 커졌을 것이다.

고환율이 부동산가격에 미치는 영향은 긴 말이 필요치 않다. 소득이 줄어드는데 어떻게 집을 살 생각을 하겠는가? 자영업을 영위하는 가계 중에는 보유한 집도 팔아야 할 처지에 몰린 가계들도 많을 것이다.

통계청의 자료에 의하면 우리나라 총가구수는 1691만 호라고 한다. 이 중 서민가계로 분류할 수 있는 곳이 70~80%에 이를 것이다. 이들 중 자영업으로 생계를 유지하는 곳이 600만 가구에 이른다. 이들 서민과 자영업 가계들이 MB정부의 말도 안 되는 고환율정책으로 엄청나게 소득이 감소했고, 그것이 부동산 버블이 붕괴되고 또 그 버블 붕괴가 가속화하는 데 적지 않은 영향을 미치고 있다.

MB정부의 '고환율정책'은 곁가지를 떼내고 큰 줄기만 보면 일

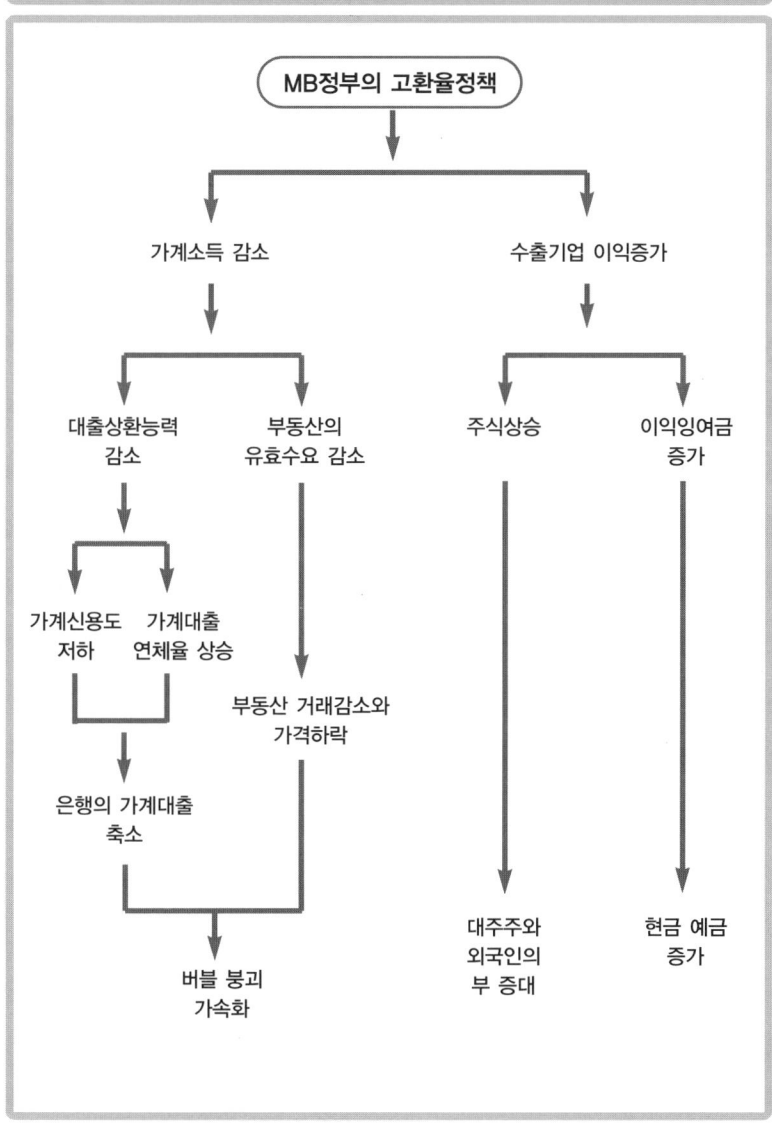

〈그림 3-9〉 '고환율정책'의 경제효과

MB정부의 고환율정책

가계소득 감소

수출기업 이익증가

대출상환능력
감소

부동산의
유효수요 감소

주식상승

이익잉여금
증가

가계신용도
저하

가계대출
연체율 상승

부동산 거래감소와
가격하락

은행의 가계대출
축소

버블 붕괴
가속화

대주주와
외국인의
부 증대

현금 예금
증가

반 국민들의 소득을 수출대기업들에게 이전하는 '소득이전정책'이다. 서민들 주머니에서 돈을 꺼내 수출대기업의 금고에 넣어준 결과 주식이 마지막까지 '나홀로 파티'를 즐기고 있다.

MB정부는 2010년 들어서도 고환율정책을 무리하게 유지함으로써 버블의 마지막 불씨인 주식 버블이 꺼지는 것을 막기 위해 안간힘을 쓰고 있다. 2010년 5월 이후의 도를 넘는 고환율정책을 보고 있노라면, 환율하락이 외국인 투기세력들의 한국 주식시장 이탈을 유발하지 않을까 노심초사하는 표정까지 읽을 수 있을 정도다. 그러나 고환율정책이 부동산의 버블 붕괴를 재촉하는 엄청난 부작용도 함께 초래한다는 사실은 미처 몰랐던 것인지 궁금할 따름이다.

'고환율정책'이
지속될 수 없는 세 가지 이유

'2010년 3분기 한국 증시는 기업이익의 함수다.'

어느 증권사의 2010년 3분기 투자전략 보고서의 제목이다. 그 보고서는 결론으로 2010년 상장기업의 이익이 전년 대비 53% 증가할 것이므로 코스피는 1900까지 무난히 상승할 것이라고 한다.

증권회사가 고객들에게 제시하는 투자전략의 대부분이 적극적인 투자를 권유하는 쪽으로 결론짓긴 하지만, 이 증권사가 제시하는 논리는 꽤 합리적이다. 주가를 움직이는 가장 중요한 두 가지 요소 중 하나인 기업이익을 근거로 내세우고 있기 때문이다. 또 다른 하나는 유동성이다.

그러나 이 보고서가 간과한 사실이 있다. 주가가 기업이익의 함수라는 말은 맞지만, 그것이 미래이익의 함수라는 사실이다. 다시 말해 2010년 기업이익이 크게 증가했다고 해서 반드시 주가가 상승하는 것은 아니라는 말이다.

적정주가 혹은 주식의 가치(value)에 대한 금융이론 중 가장 보편적으로 받아들여지는 것은, 현금흐름할인(Discounted Cash Flow)이론이다. 그것을 다 설명하는 것은 생략하고 결론만 말하면 이렇다.

"주가란 그 기업이 미래에 창출할 모든 잉여현금흐름의 현재가치의 합계다."

잉여현금흐름(Free Cash Flow)이라는 말이 생소할 텐데 그것을 순이익으로 바꿔놓아도 의미가 달라지지는 않는다. 그러므로 주식의 가치(value)는 기업의 미래이익에 의해 결정된다고 할 수 있다. 여기서 미래이익이란 그 기업이 생존하는 아주 먼 기간까지의 이익이다.

기업의 이익이 증가하면 주가가 오르는 것은 증가한 기업이익이 향후에도 유지될 것으로 믿기 때문이다. 그러므로 2010년 기업이익 증가가 주가상승으로 이어지기 위해서는 그 이익이 향후에도 유지 가능하다고 투자자들이 판단해야 한다. 그렇지 않다면 그것은 주가에 큰 영향을 주지 못할뿐더러 설사 준다 해도 단기적일 것이다.

주가는 기업의 미래이익의 함수다

상장기업들의 순이익이 2009년 71%나 증가했다. 2010년에는 또 53%가 증가한다고 증권회사들이 전망하고 있다.

2009년과 2010년 상장기업의 이익증가는 수출기업의 이익이 엄청나게 증가한 덕분이다. 그리고 수출기업들의 엄청난 이익증가는 오로지 환율폭등에 힘입은 것이다.

2009년 수출기업들의 수출액이 전년보다 13.9% 감소했고, 수출단가는 16.5% 하락했다. 정상적인 경우 매출이 13.9% 감소하고 매출단가가 16.5% 하락한다면 그 기업은 엄청난 손실을 입는다. 기업이 사업을 계속해나갈 수 있을지 의심스런 최악의 상황까지 치달을 것이다. 정상적인 경우라면 말이다. 그런데 한국의 수출기업들은 그런 최악의 상황에서 사상 최대 이익을 구가하고 있다. 환율폭등으로 수출기업들이 돈벼락을 맞지 않고서는 불가능한 일이다.

중요한 점은 현재의 비정상적인 환율수준이 앞으로도 유지될 수 있느냐는 것이다. 앞에서 보았듯이 환율이란 양날의 칼과 같아서 어느 한쪽에게 이익을 주면 다른 한쪽은 반드시 그 이익만큼 손실을 보게 된다. 그리고 한국의 환율폭등으로 손실을 입은 곳은 서민경제와 자영업이었다. 그러니 MB정부의 '고환율정책'은 나쁜 정책이고, 즉각 폐지되어야 한다고 주장하려는 것이 아니다. 어차피 MB정부는 이런 목소리에 귀를 막은 지 오래이니까.

고환율정책이 가난한 사람의 주머니에서 돈을 빼내 수출대기업의 금고에 넣어주는 지독하게 나쁜 '소득이전정책'이라는 사실 말고도 MB정부가 고환율정책을 지속하지 못할 이유가 최소한 세 가지는 더 있다.

첫째는 앞에서 밝혔듯이, 고환율정책이 한국 경제의 가장 큰 위험요인인 가계부채 문제를 더 악화시키고, 그 결과 버블 붕괴를 재촉한다는 사실이다. 그러므로 MB정부로서도 주식 버블을 더 유지하기 위해 환율을 높게 유지할지, 아니면 부동산 버블의 붕괴를 늦추기 위해 환율을 낮출 것인지에 대해 심각한 고민을 하지 않을 수 없을 것이다.

고환율이 경제성장률에 마이너스 효과

또 하나 중요한 이유는 MB정부가 입에 달고 다니는 경제성장에도 고환율정책이 도움이 되지 않는다는 사실이다. MB정부가 고환율정책을 펴면서 내세우는 명분은 경제성장을 위해서다. 경제위기로 내수가 침체되니 수출이라도 살려서 경제성장을 만들어보자는 그럴듯한 명분이다. 그러나 거기에는 대가가 따른다. 바로 고환율로 가계의 실질소득이 감소하는 것이다. 가계의 소득이 감소하면 당연히 가계소비가 준다.

그러므로 고환율정책이란 수출을 촉진하는 대신 내수는 더 침체시키는 정책이다. 그러니 경제성장이라는 당초의 명분은 빛 좋은 개살구에 지나지 않는다. 혹시 "내수가 줄긴 하지만 수출은 내수감소보다 더 많이 늘어 결과적으로 경제성장에 플러스 기여를 할 것이다"라는 변명을 서둘러 둘러댈지 모르겠다. 과연 그럴까?

만약 그런 긍정적인 효과가 있다면 대기업과 정부 산하의 연구기관들이 앞다투어 환율상승의 경제성장에 대한 기여도를 분석하여 그 결과를 담은 보고서를 산더미처럼 발표했을 것이다. 그러나 그런 보고서는 보이지 않는다. 2010년 3월 5일자 〈내일신문〉 기사에 의하면, KDI는 환율이 5% 오르더라도 경제성장률은 0.1% 상승에 그친 반면 국내 소비자물가는 0.29% 상승하고, 민간소비와 총투자가 각각 0.72%, 1.82% 줄어드는 것으로 진단했다. 고환율정책이 수출은 늘리지만 내수를 크게 침체시킨다는 사실을 확인해주고 있다.

환율상승이 경제성장에 플러스 기여를 하지 못한다는 사실은 경제이론으로도 쉽게 증명할 수 있다. 경제학의 기초이론으로 'GDP 구성공식'이 있는데, 이는 한 나라의 국내총생산(GDP)이 가계소비, 기업투자, 정부지출 및 해외 부문의 네 주체로 구성된다는 것이다. 한국의 2009년 GDP는 1063조 원이었는데, 그중 가계소비는 577조 원이었고, 수출은 530조 원이었다. 가계소비가 수출보다 비중이 더 크다. 그러므로 고환율정책으로 가계소비를 희생해서라도 수출만 늘리면 GDP는 더 성장할 것이라는 주장은 참으로 황당한 말이다.

삼성전자 2년간 364명 추가 고용

또 하나 고환율정책이 지속되기 어려운 이유는 그것이 국민들의 체감경기에 심각한 악영향을 미친다는 점이다. 경제학에서 경제 (GDP)성장을 중요하게 여기는 것은 그것이 국민총소득의 증가를 의미하기 때문이다. 그런데 지금 한국은 경제는 성장하는데 국민 각자의 소득은 감소하여 체감경기가 바닥을 헤매는 비정상적인 상황이 버젓이 벌어지고 있다. 그 주범이 고환율정책임은 더 말할 것도 없다.

국민들이 느끼는 체감경기에 소득 못지않게 큰 영향을 미치는 것이 고용상황이다. 소득이 크든 적든 고용상황이 나아지면 사람들은 참을 만하다고 느끼지만, 고용이 악화되면 체감경기는 극도로 냉각된다. 이처럼 중요한 고용상황에 고환율정책이 어떤 영향을 미쳤을까? 그 실상을 알고 나면 놀라 자빠질 사람이 많을 것이다.

고환율로 천문학적인 이익을 본 수출대기업들이 얼마나 고용을 늘렸는지 보도록 하자. 2009년 고환율로 삼성전자 한 기업이 누렸던 이익증가액이 단순하게 계산한 결과로도 10조 원이 넘었다. 그 삼성전자가 얼마나 고용을 늘렸을까?

증권거래소에 공시한 삼성전자의 사업보고서를 통해 확인해보면 2009년 삼성전자가 늘린 일자리 수는 고작 623명이었다. MB정부 출범 첫해인 2008년에도 환율은 엄청나게 올랐고, 삼성전자는 그 혜택을 맘껏 누렸을 텐데, 그해 삼성전자는 일자리를 259명 줄였다.

범위를 확대하여 LG전자와 현대차, 기아차까지 포함해도 결과는 조금도 나아지지 않는다. 삼성전자를 포함한 4대 수출대기업들이 늘린 일자리 수는 2008년과 2009년을 합해 고작 416명이었다. 고환율정책이 극에 치달았던 기간이었는데 말이다.

고환율정책이 경기를 살린다는 말이 얼마나 뻔뻔스런 거짓말이었는지 만천하에 드러났다. 이것이 물론 전부는 아니다. 고환율정책으로 엄청난 피해를 본 가계와 자영업자도 따져봐야 하니까.

앞에서 보았듯이 2009년에만 자영업자 수가 26만 명 감소하였다. 그 주된 이유는 고환율 때문이었다. 자영업 한 곳당 3명을 고용한다고 하면 2009년 한 해에만 78만 개의 일자리가 감소했다. 서민들의 체감경기가 어떨지 절감케 한다.

또 있다. 키코(KIKO, Knock-In Knock-Out)라고 들어보았을 것이다. 불과 1년여 전에 연일 방송과 신문을 뒤덮었던 사건이었으니 기억하는 사람이 많을 것이다. 그 키코로 인해 수출을 많이 하는 우량중소기업 1000여 곳이 5조 원 내지 10조 원의 손실을 입었고, 그 중 상당수는 문을 닫아야만 했다. 내가 직접 만났던 한 중소기업 사장은 매출 600억 원에 종업원 150명의 사업을 모두 접어야 했다. 키코로 줄어든 일자리 수를 모두 합하면 수천 개가 넘을 것이다. 키코 사태의 근본원인은 인위적인 고환율정책이었다.

조목조목 따져보니 고환율정책이 수출대기업들에게 떼돈을 몰아주는 것 말고는 아무런 긍정효과가 없다는 것이 분명해졌다. 그로인해 부동산 버블의 붕괴가 앞당겨지고 서민경제는 바닥 모를 침체의 늪으로 빠져들고 있다. 그 불화살이 결국 MB정부에게 날아들 것은 명약관화하다.

제아무리 정권 출범 전부터 "기업만이 진정한 내 친구"라고 "비즈니스 프랜들리"를 외쳐대던 정부지만, 더 이상 고환율정책을 쓰기 어려운 상황이 되었다.

그러니 고환율 덕분에 급증하였던 기업이익이 향후 어떻게 될지를 다시 생각해보아야 할 때다. 아울러 환율에 대한 고려는 전혀 없이 '기업이익 사상 최대로 증가할 것'이라는 증권회사의 전망만 믿고 공격적인 주식투자에 나섰다가는 큰 낭패를 볼 수 있는 시점이다.

⑤

세계 경제
더블딥 온다

"세계 경제가 더블딥에 빠질 것이다."

한동안 잠잠했던 더블딥(double dip) 이야기가 2010년 5월 다시 나오자 미국을 비롯한 전 세계 주식시장이 요동쳤다. 한국도 예외는 아니었다. 그 이후로도 더블딥을 예고하는 목소리는 심심치 않게 들려왔고, 그때마다 주식시장은 풍랑을 만난 돛단배처럼 흔들렸다.

미국 경제와 세계 경제가 더블딥에 빠질 것인지의 여부가 기업은 물론 주식과 부동산시장에도 엄청난 영향을 미친다는 것을 생생하게 보여주는 사례다. 주식과 부동산이란 결국 실물경제의 그림자와 같아서 그 영향을 피할 수 없다는 일반인의 상식이 틀리지 않았음을 다시 한 번 확인해준다.

더블딥이란 용어의 정확한 개념부터 보자. 경제가 침체(recession)에 빠졌다가 회복한 후 다시 또 침체에 빠지는 현상을 더블딥이라고 부른다. 여기서 경기침체(recession)란 분기성장률이 전 분기 대비 마이너스 성장을 두 분기 연속 지속하는 것을 뜻한다.

그러므로 더블딥 논쟁의 요점은 이렇다. 금융위기 이후 급격히 침체했던 세계 경제가 2009년 하반기부터 플러스 성장을 회복했는데, 향후 두 분기 연속 마이너스 성장을 하는 경기침체(recession)가 다시 올 것인가? 여기에 대해 경제학자들의 의견이 나뉘고 있는 것이다.

만약 더블딥이 온다면 경제성장률이 낮아지는 정도가 아니라 마이너스 성장을 하고, 그것이 두 분기나 계속되는 것이므로 상당히 심각한 상황일 것이고, 주식과 부동산시장도 엄청난 타격을 피할 수 없을 것이다. 특히 금융위기 이후에도 '대출 받아 투자하기'를 계속해온 한국의 자산시장은 그 충격이 더 클 가능성이 아주 높다. 세계 경제의 더블딥이 한국 자산시장의 유동성 파티를 끝내는 계기로 작용할 가능성도 배제할 수 없다.

이처럼 더블딥 논쟁이 주식과 부동산투자자들에게 지극히 절실한 주제임에도 불구하고, 경제학자들의 논쟁을 가만히 바라보고만 있는 것이 현실이다. 경제란 어렵고도 복잡한 현상이므로 전문가가 아니면 왈가왈부할 수 없고, 더욱이 경제전망은 경제학 박사가 아니면 엄두도 낼 수 없는 분야라는 선입견 때문이다. 그러나 경제전망이란 기본적인 경제지식만 있으면 일반인도 쉽게 해볼 수 있는 일이라는 게 내 생각이다. 경제도 알고 보면 상식을 벗어나지 않는 사회현상이기에 더 그렇다. 기본적인 경제지식이란 GDP에 관한 간단한 이론이므로 어려운 것이 아니다. 그래서 먼저 GDP이론을 보도록 하자.

경제주체의 소비능력이 경제성장을 좌우한다

경제가 성장한다는 것은 국내총생산(GDP)이 증가하는 것이다. GDP란 한 국가가 일정 기간 생산한 총생산물의 합계다. 그러므로 경제가 성장하는 것은 생산이 증가하는 것이다.

이것이 GDP와 경제성장에 관한 이론이다. 여기서 질문을 하나 하겠다.

"생산을 늘리기만 하면 GDP가 증가하고 경제는 성장할까?"

물론 그렇지 않다. 기업이 아무리 생산을 많이 하더라도 그 물건이 팔리지 않으면 생산은 곧바로 감소할 수밖에 없다. 그러므로 경제성장을 결정하는 것은 기업의 생산능력이 아니라 각 경제주체들의 소비능력이다.

미국을 보자. 서브프라임 버블의 붕괴로 미국의 집값이 폭락했고, 개인들은 은행대출을 갚느라 소비를 크게 줄였다. 미국은 생산된 물건의 70%를 가계가 소비한다. 즉 GDP에서 가계소비의 비중이 70%라는 말이다. 그러니 서브프라임 사태로 미국의 GDP는 급격히 감소할 수밖에 없었다.

2001년 이후 미국 가계들이 '대출 받아 집에 투자하기'에 열을 올렸던 사실을 상기하면 미국 가계의 '빚 갚기'는 수년 내에 끝날 수 없을 것이고, 가계소비의 감소도 수년 이상 지속될 수밖에 없었다. 유럽 등 다른 선진국 역시 사정은 비슷했다.

그래서 당시 내로라하는 경제학자들이 이구동성으로 '1930년대 세계대공황에 버금가는 대불황이 엄습해올 것'이라고 우려했던 것이다. 그러나 그들의 암울한 예측은 다행히도 현실화되지 않았고, 미국을 비롯한 세계 경제는 2009년 3분기부터 플러스 성장으로 돌아섰다. 세계적인 석학들의 예측이 틀렸던 것일까? 미국 등 선진국 가계부문이 그 많은 빚을 다 갚고 다시 소비를 늘리기 시작한 것일까?

천만의 말씀이다. 가계부문이 앞으로도 수년 이상 혹은 10년 이상 대출상환을 위해 소비를 줄여야 하는 상황은 변하지 않았다. 그런데도 경제가 플러스 성장을 할 수 있었던 것은 천문학적인 규모의 재정적자 덕분이었다.

가계가 엄청난 빚 때문에 소비할 여력이 없어지자 정부가 가계에 세금을 돌려주고, 동시에 재정지출을 늘렸다. 그 재원은 정부가 빚내서 마련한 돈이었다. 쉽게 말해 가계부문이 빚을 더 이상 늘릴 수 없는 상황이 되자 정부가 대신 빚을 내어 가계에 주면서 소비를 하도록 했고, 그것으로도 부족하여 직접 소비까지 한 것이다. 그 덕분에 GDP가 성장할 수 있었다.

재정적자란 정부의 빚이다. 그리고 빚이란 언젠가는 갚아야 할 돈이다. 빚을 낼 때는 GDP성장률에 플러스가 되지만, 그 빚을 갚을 때는 마이너스가 된다. 왜냐하면 정부가 재정적자를 갚기 위해서는 가계와 기업으로부터 세금을 더 거둘 수밖에 없고, 가계와 기업의 입장에서는 소비를 줄일 수밖에 없는 것이 당연한 결과이기 때문이다. 그래서 재정적자는 미래의 성장을 미리 당기는 것이라고 말한다.

미국은 2009년 GDP의 10%가 넘는 재정적자를 냈다. 그리고 성장률은 −2.4%였다. 재정적자가 없었다면 성장률이 −12.4%였을 거라는 이야기다. 한국도 사정은 비슷하다. 2009년 재정적자가 43조 원으로 GDP의 4.1%에 달한다. 재정적자가 없었다면 2009년 경제성장률은 −3.9%였을 것이다.

미국이 미리 당겨서 성장한 10%의 성장률과 한국이 앞당겨서 성장한 4.1% 성장률은 미래 어느 시점엔가는 반드시 되갚아야 하는 것이고, 그 시점에는 경제성장률에 마이너스로 작용할 것은 두말이 필요 없다. 그 시점이 언제가 될 것인지가 바로 더블딥에 언제 빠질지를 결정할 것이다.

IMF, "오늘은 재정적자, 내일부터는 국가부채 축소"

세계 경제는 언제부터 재정적자를 줄이는 정책으로 전환할까? 여기에 대한 대답의 실마리를 제공해주는 곳이 IMF이다. 세계 경제의 조정자이자 위험관리자로서의 역할까지 떠맡고 있는 IMF가 2010년 4월 발표한 〈세계경제전망(World Economic Outlook)〉은 재정적자에 관한 이야기로 도배를 하다시피 했다. 그리스를 비롯한 유럽 국가들의 재정적자가 국가부도로까지 이어질 수 있는 심각한 상황이었기 때문이기도 하지만, 언젠가는 결국 터질 문제이기도 하였다. 그 보고서의 첫 머리에 나오는 재정적자에 대한 IMF의 정책권고를 들어보자.

대부분의 선진국들은 경제성장과 고용을 유지하기 위해 2010년에도 재정확대정책과 통화완화정책을 지속해야 한다. 그러나 이와 동시에 그 국가들은 먼저 재정적자를 줄여가고 그 다음에는 재정흑자를 통해 국가부채를 줄여가는 **신뢰 받을 만한 중기전략을 시급하게 채택해야 한다.**

이게 도대체 무슨 소리인가 하는 사람도 있을 것이다. 재정적자를 늘리면서 동시에 줄여가는 전략을 수립하라니 이게 무슨 코미디인가 싶기도 할 것이다. 하지만 이것이 지금 세계 경제가 처한 현실이다. IMF의 정책권고를 알기 쉽게 직설적으로 말하면 이렇다.

"오늘은 절체절명의 위기니까 능력이 닿는 데까지 많은 빚을 내서 쓰되 내일부터 빚을 상환할 확실한 계획을 수립해서 국민들을 설득시켜라."

그것도 아주 시급하게(urgently) 수립해야 한다는 것이다. 이게 말이 되는가? 이런 우습지도 않은 모순된 말을 세계적인 정책기관이 정책권고라는 이름으로 발표할 수밖에 없는 것이 엄연한 현실이다.

미래성장률이 현재 주가를 결정한다

천문학적인 재정적자로 당장은 플러스 성장을 하지만 조만간 마이너스 성장으로 돌아설 수밖에 없는 경제정책을 선진국들이 시행하고 있다. 이런 경제정책이 주식가격에 시사하는 바는 무엇일까? 천문학적인 재정적자를 냈든 아니든 경제가 플러스 성장을 하고는 있으니 주가도 올라야 하는 걸까?

금융이론에 의하면 개별 기업의 가치(value)는 그 기업의 미래이익의 현재가치의 합계이고, 주가는 장기적으로 그 가치에 수렴한다. 그리고 기업의 미래이익은 경제성장률의 함수다. 그러므로 금융이론에 의하면 이런 명제가 성립한다.

'한 국가의 주가지수는 그 나라의 미래 경제성장률에 의해 결정된다.'

중요한 것은 지금 플러스 성장을 하는 것이 아니라 미래 성장률이 어떨 것이냐가 지금의 주가를 결정한다는 사실이다. 이것을 입증해주는 사례도 많다. 대표적인 것이 일본의 '잃어버린 10년'이다. 일본은 1990년 거대한 자산 버블이 꺼지자마자 주가가 폭락했다. 그 후 10년간 경제가 성장하지 않았는데, 주가폭락은 향후 10년간 경제성장이 없을 것을 미리 반영한 것이었다.

지금 미국을 비롯한 선진국들이 비록 플러스 성장을 보여주고는 있지만, 오래지 않아 재정적자 축소에 들어가면 성장률은 마이너스 혹은 미미한 수준에 머물 것이다. 그리고 현재의 국가부채가 워낙 높은 수준이므로 이런 마이너스 내지 미미한 성장은 상당 기간 지속될 것이다. 그리고 금융이론에 따르면 주가는 미래성장률을 반영하게 되므로 오르기보다는 내릴 가능성이 더 크다.

그러면 미국 등 선진국들의 재정적자 축소는 언제부터 시작될까? 그것이 바로 세계 경제가 언제부터 더블딥에 빠질지를 결정할 텐데.

2010년 5월에 터진 그리스 국가부도 사태가 거기에 대한 대답을 알려준다. 정부라고 해서 빚을 무한정 낼 수는 없다는 당연한 사실을 그리스 사태는 일깨워주었다. 개인이나 기업과 마찬가지로 정부도 빚이 어느 정도를 넘어서면 갚을 수 있는 능력이 의심되어 투자자들이 더 이상 돈을 빌려주려 하지 않는 것이다.

이런 극단적인 상황에 이른 국가들이 여기저기 생겨나고 있다.

그리스, 포르투갈과 스페인이 재정적자를 줄이지 않으면 국가부도에 직면할 지경이 되었고, 영국 역시 비슷한 상황으로 재정적자를 줄이기 위한 예산삭감 논쟁이 뜨겁다.

이들 국가들이 올해(2010년)와 내년에 마이너스 성장을 할 것은 불을 보듯 뻔하다. 전 세계 GDP의 25%를 차지하는 미국의 GDP성장률이 마이너스로 돌아서는 것도 재정적자를 언제부터 줄이냐의 문제일 뿐이지 피할 수 있는 일이 아니다. 그러므로 더블딥 논쟁의 결론은 아주 단순하다.

'미국 정부가 재정적자를 줄이는 순간 세계 경제는 더블딥에 빠질 것이고, 그 이후에는 쓸 수 있는 카드가 거의 없다. 그때까지 시간이 많이 남지 않았다.'

06

한국 경제
실질적인 더블딥에 빠졌다

　　"2010년 상반기 7.6% 경제성장률을 기록했다." 정부가 큰 목소리로 대단한 자랑을 하듯 발표했다. 고환율로 서민의 소득은 감소하고, 자영업은 매일 2000곳이 문을 닫고 있지만 경제는 놀라운 성장을 했다.

　　주가는 길게 보면 경제성장률의 함수라고 했다. 한국 경제가 전년 대비 7.6%나 성장했으니 한국의 주가가 전 세계를 42%나 초과 상승한 것이 당연한 현상이고, 그 초과 상승이 앞으로도 쭉 이어질까?

　　앞에서 설명했듯이 주식의 가치는 미래 경제성장률의 함수다. 경제성장률이 높을 때 주가가 상승하는 것은 높아진 경제성장률이 향후에도 유지될 것이라고 투자자들이 기대하기 때문이다. 그러므로 7.6%는 아니더라도 위기 이전의 5% 내외의 성장률이 앞으로도 유지될 수 있을지가 지금의 주가를 결정한다. 물론 부동산도 실물경제에 절대적인 영향을 받으므로 향후 경제성장률 전망은 부동산가격 동향을 예측하는 데도 중요하다.

이처럼 중요한 2010년 하반기와 향후 수년간의 경제성장률을 전망해보자. 바로 앞에서 한 번 해보았으므로 복습한다는 가벼운 마음으로 임해도 좋을 것이다.

2010년 상반기의 7.6% 경제성장률이 어떻게 달성되었는지를 알아보는 데서 시작하도록 하자. 경제성장률을 결정하는 것은 기업의 생산능력이 아니라 경제주체들의 소비능력이라고 했다. 그 경제주체는 크게 넷으로 구분된다. 가장 비중이 큰 가계소비, 그리고 기업투자, 정부지출 및 순수출이다. 그러므로 이들 네 경제주체의 지출이 증가하면 국내총생산(GDP)이 증가한다. GDP의 증가가 바로 경제성장이다.

한국은행이 2010년 1분기에 발행한 〈계간 국민계정〉에는 일반국민들의 교육용으로 '경제성장률의 이해'라는 글이 실려 있다. 제목 그대로 경제성장률에 대해 알기 쉽게 설명한 자료다. 그 자료의 맨 처음에 이런 설명이 나온다.

'2006년 1분기부터는 분기성장률 주 지표를 전년 동기 대비 성장률에서 전기 대비 성장률로 전환했다. 이는 전년 동기 대비 성장률이 급변하는 경기변화 포착에 한계가 있어 실제 분기성장을 나타내는 전기 대비 성장률을 주 지표로 매 분기 신속한 경기흐름 파악이 가능하게 하기 위함이다.'

그러므로 독자들도 앞으로는 전년 대비 성장률을 보지 말고 전 분기 대비 성장률을 보고 신속한 경기흐름을 파악하기 바란다. 2010년 1분기와 2분기의 전 분기 대비 성장률은 각각 2.1% 및 1.5%였다. 이 둘을 합하면 2010년 상반기 성장률 3.6%가 나오고, 연간으로 환산하면 7.2%가 된다.

7.2% 성장률보다 중요한 것은 어떻게 그처럼 대단히 자랑스러운 성장률이 나올 수 있었느냐이다. 그것을 알아야 향후 성장률이 어떻게 될지를 알 수 있기 때문이다.

〈표 3-4〉는 1분기와 2분기 성장률을 각 경제주체별 기여도로 구

〈표 3-4〉 2010년 상반기 경제주체별 성장기여도			
	1분기	2분기	상반기
GDP성장률	**2.1%**	**1.5%**	**3.6%**
민간소비	0.4%	0.5%	0.9%
기업투자	0.4%	0.2%	0.6%
정부지출	0.9%	0%	0.9%
순수출	−0.5%	0.1%	−0.4%
기타	0.9%	0.7%	1.6%

＊기업투자는 설비투자, 건설투자, 무형고정자산투자의 합계이며, 기타는 재고증감 및 귀중품 순취득 등임
(자료: 한국은행)

분하여 나타낸 것이다. 정부지출의 기여도를 보자. 2010년 상반기 3.6% 성장을 하는 데 정부부문이 0.9%를 기여했다, 라고 생각하면 경제학을 제대로 공부하지 않은 것이다.

네 경제주체 중에서 정부는 특이한 경제주체다. 생산에는 참여하지 않으면서 지출만 하는 경제주체다. 지출의 재원은 다른 경제주체들로부터 거두어들인 세금이다. 그러므로 정부가 지출을 늘리면 가계나 기업의 지출이 그만큼 감소하므로 경제성장률은 높아지지 않는다. 즉 정부부문은 경제성장에 중립적이다.

그런 정부가 경제성장에 기여하는 방법이 있다. 재정적자를 내는 것이다. 가령 정부가 세금을 200조 원 거두고 재정적자, 즉 빚을 100조 원 내서 300조 원을 지출한다면 GDP는 100조 원이 증가한다. 물론 GDP 100조 원 증가는 공짜가 아니다. 정부가 빚내서 지출한 것이므로 언젠가는 갚아야 하는 돈이다. 그리고 정부가 그 적자를 갚을 때는 100조 원만큼 GDP는 마이너스 성장한다.

그러면 2010년 상반기 정부가 경제성장률에 얼마나 기여했는지를 보자. 2010년 8월 20일 기획재정부의 발표에 따르면 재정적자는 1분기 19조 4000억 원, 2분기 10조 원으로 상반기에만 29조 4000억 원의 적자를 냈다. 실로 어마어마한 금액이다.

재정적자가 경제성장률에 얼마나 기여했는지를 알기 위해 GDP를 조사하였더니 1분기 GDP가 283조 원, 2분기 287조 원으로 상반기 GDP는 약 570조 원이었다. 재정적자가 GDP에서 차지하는 비중이

〈표 3-5〉 2010년 상반기 재정적자의 경제성장률 기여도				
명목 GDP (A)	재정적자 (B)	재정적자기여율 (C=B/A)	분기성장률 (D)	순경제성장률 (D-C)
570조 원	29.4조 원	5.2%	3.6%	-1.6%

(자료: 기획재정부, 한국은행 통계시스템)

무려 5.2%에 달했다.

이것을 경제학의 GDP이론으로 해석하면 이렇다. 만약 재정적자가 없었다면 2010년 상반기의 전기 대비 경제성장률은 3.6%가 아니라 -1.6%였을 것이다. 정부가 무지막지하게 적자를 내서 가계와 기업을 지원해준 덕분에 경제가 큰 폭의 성장을 할 수 있었던 것이다.

실질적으로 한국 경제는 2010년 상반기 더블딥에 빠진 것이다. 다만 천문학적인 재정적자를 내어 마치 7.2% 성장한 것처럼 위장했을 뿐이다.

빚을 내서 성장률을 인위적으로 끌어올리기 위해 정부가 활용한 방법은 재정적자가 전부가 아니다. 기획재정부가 23개 주요 공기업의 부채를 산정한 결과 2009년 부채는 213조 원으로 전년 대비 36조 원이 증가했다고 한다. 우리나라 공공기관의 숫자가 286개에 달한다는 사실을 생각하면 천문학적인 부채증가가 있었을 것이다.

한국은행의 자금순환 통계에 따르면 지난 2년간 공기업 부채가

80조 원이 증가하여 재정적자보다도 더 컸다. 부채증가액과 동일한 금액으로 GDP가 성장한 것은 아니겠지만 재정적자 못지않은 기여를 한 것은 분명하다. 공기업의 부채증가까지 감안하면 한국 경제의 진짜 성장률은 아래로 한참 더 내려갈 것이다.

그리고 이제 천문학적인 부채증가가 부메랑이 되어 돌아오고 있다. 토지주택(LH)공사는 그중 하나에 불과하다. 부채규모 118조 원에 하루 이자비용만 80억 원에 달하는 부실덩어리로 전락하였고, 그 부실을 국가가 떠안으려 하고 있다.

거듭 강조하지만 재정적자는 반드시 되갚아야 하는 돈이다. 마치 개인이 급한 돈이 필요해서 가불을 내면 그 달의 소득과 지출은 증가하지만, 가불을 갚아야 하는 다음 달의 소득과 지출은 감소하는 것과 똑같다.

MB정부로서는 자신의 임기 내에 재정적자를 갚아서 성장률이 마이너스로 내려가는 것을 절대로 감수하지 않으려 할 것이다. 그러면 그 빚은 다음 정부의 부담으로 떠넘겨질 것이고, 그때는 불어난 이자까지 더해 갚아야 한다. 그러니 다음 정부에서 경제성장률이 큰 폭으로 하락하는 것을 피할 방법이 없다.

한술 더 떠서 무리하게 빚내서 성장률을 위장하는 방법도 한계에 온 것 같다. 공기업 부채가 한계에 달해 더 이상 빚을 내기 어려운 지경이 되었기 때문이다. LH공사가 과다한 부채를 이기지 못하고 20조 원 규모의 보유 부동산을 시가보다 싸게 매각하여 부채를 줄이려 하고 있다고 한다. 그 결과는 GDP성장에 마이너스 영향을 미칠 것이다. 현재 진행되고 있는 부동산 버블 붕괴는 생각지 않더라도 MB정부가 무책임하게 당겨서 쓴 성장률 때문에 조만간 성장률은 마이너스로 추락할 가능성이 고조되고 있다.

거듭 강조하지만 경제성장률이 7.2%라는 대단히 높은 성장을 달성했다고 해서 주가가 오르는 것은 아니다. 그 성장률이 향후에도 유지될 때만 주가는 상승한다. 2010년 상반기의 높은 성장률은 전적으로 재정적자와 공기업의 '빚내서 투자하기' 덕분이었으므로 주가는 이런 사실을 반영하여 형성될 것이다. 당장 눈앞의 경제성장률에 현혹되어 주식투자를 한다면 큰 낭패를 볼 수 있는 시점이다.

4장

파티가 끝난 뒤
대비하기

① 빨리 팔수록
손실이 줄어든다

"수도권 지역의 아파트가격이 1999년부터 2009년까지 연평균 9.7% 상승했는데, 아파트 구입능력은 낮아졌다."

_현대경제연구원, 2010.3.10.

"한국의 가계소득 대비 주택가격 비율은 6배로 2008년 미국의 3.55배나 일본의 3.72배보다 훨씬 높다."

_산은경제연구소, 2010.3.23.

2009년 부동산 버블이 비이성적으로 팽창하던 시기에 일반인들에게 그 위험성을 알리던 곳은 '김광수경제연구소' 뿐이었는데, 2010년 버블 붕괴의 징후들이 나타나기 시작하자 여기저기서 뒤늦은 경고성을 발하고 있다.

뒤늦게나마 경고성을 내는 여러 연구소들이 발표하는 내용을 한 마디로 말하면 이렇다. "부동산가격이 적정 가치보다 더 높다." 이를 달리 표현하면 "부동산가격이 버블이다"라는 말이다.

이 책의 프롤로그에 나왔던 워렌 버핏의 투자원칙을 지금 한국의 부동산투자에 적용한다면 어떨까? 그가 한 말을 상기해보자.

"주식이 되었건 양말이 되었건 나는 가격이 가치보다 훨씬 낮을 때 매수한다."

가격이 너무 올라 가치를 훨씬 상회할 때는 망설임 없이 팔았던 것이 워렌 버핏을 세계 두 번째 부자로 만들어준 투자비법이었다. 그런데 경제연구소들이 입을 모아 하는 말은 "지금 한국의 부동산은 가격이 가치보다 훨씬 높다"라는 것이다.

부동산가격이 가치를 엄청나게 상회하고 있다

이처럼 결론이 명확한데도 많은 사람들이 망설이고 있다. 머리로는 이해가 되는데 행동이 따르지 않고 있는 것이다. 왜일까? 아마도 버블 시기의 논리에서 벗어나지 못하고 있기 때문일 것이다. 그러다 보니 한쪽에서 끊임없이 들려오는 이런 말들에 아직도 귀가 쏠리고 있을 것이다. "아파트가격이 낮아진 지금이 집을 살 기회다"느니 "강남은 다르다"는 등의 달콤한 목소리들 말이다.

이는 불과 몇 달 전까지만 해도 아파트 상승을 부채질하던 목소리들이 살짝 음성을 변조하여 똑같은 내용을 되풀이하고 있는 것이다. 게다가 그 목소리의 주인공들이 눈만 뜨면 접하는 보수언론들임에랴. 그들뿐만이 아니다. 정부의 높은 자리에 있는 사람들은 "한국 부동산 절대 버블이 아니다"고 큰 소리로 말하고 있고, 부동산업계 종사자들 역시 그럴듯한 말솜씨를 아낌없이 뽐내고 있다.

문제는 일반인들이 접하는 방송과 보수언론이 모두 이들의 목소리만 내보내고 있다는 것이다. 아침에 신문을 펼치거나 TV를 켜면 보고 듣는 말들이 모두 그러하니 쉽게 매도에 나서지 못하는 것이다.

부동산이 버블이라거나 버블 붕괴가 시작되었다는 이야기는 〈PD수첩〉 같은 극소수의 프로그램과 소수의 인터넷 사이트에서만 들을 수 있으니 일반인으로서는 심각한 현실을 정확히 깨닫지 못하고 있는 것이다.

2009년 초의 강한 반등의 기억도 매도결정을 망설이게 한다. 2008년 말 글로벌 금융위기의 한파가 몰아쳤을 때 급락했던 아파트가격이 불과 몇 달 만에 다시 치솟았던 경험이 지워지지 않는다. '혹시 팔고 나서 다시 오르기라도 하면……' 하는 미련이 행동을 막고 있다.

사람들의 마음과 머릿속에 아직도 버블국면의 논리와 경험이 생생하게 남아 있다. 그러기에 연구소의 발표 내용에 머리로는 동의를 하면서도 마음으로는 망설이는 것이다. 버블 붕괴가 이미 시작된 것을 눈앞에서 보면서도 행동이 따르지 않는 것이 대다수 사람들의 심리상태일 것이다.

버블인 줄 모두 알고 있었다

그들에게 분명하게 들려줄 이야기가 있다.

"버블이 지속되기 위한 필수조건은 유동성이다. 그리고 그 유동성이 증가하려면 대출이 증가해야 한다."

돌이켜보면 대다수의 사람들이 부동산가격에 버블이 있음을 알고 있었다. 건전한 상식으로 판단하거나 혹은 경제상황에 비추어보아 부동산가격이 적정한 수준이라고 판단하였기에 부동산에 공격적으로 투자한 사람은 거의 없었을 것이다. 버블이라는 것을 알고도 부동산투자에 뛰어든 것은 달리 믿는 구석이 있었기 때문이다. 그것은 다름 아닌 '시중에 넘치도록 풀린 돈', 즉 유동성이었다.

이제 철석같이 믿고 있던 대출이 줄어들고 있다. 시간이 지나면 대출감소가 더 빨라질 것이다. 미국을 비롯한 선진국들에서 발생한 디레버리징이 한국에서도 일어날 것은 필연적이다.

정부와 보수언론의 억지주장처럼, 그리고 부동산업계 종사자들의 감언이설처럼 2009년 초와 같은 급반등이 다시 오려면, 사람들이 다시 은행으로 몰려가서 대출을 받아 아파트에 투자해야 한다. 그런 일이 다시 발생할까? 아마 열 명 중 아홉은 그럴 가능성이 없다는 데 한 표를 던질 것이다. 그렇다면 버블 붕괴가 갈 길은 뻔하다.

대출이 증가하는 중에 서브프라임 버블 붕괴 시작

혹시 2010년 2분기 은행들이 가계대출을 공격적으로 늘린 것에 일말의 기대를 거는 사람이 있다면 빨리 그 기대를 접어야 한다. 이미 대출수요는 줄어들고 있다. 사람들이 더 이상 '빚내서 투자하기'를 하지 않기 때문이다. 그리고 대출증가의 절대금액이 감소한다면 버블은 더 이상 커지지 않는다. 미국이 그것을 분명하게 보여주었다.

〈그림 4-1〉은 앞에서 나왔던 미국 모기지대출 증가율과 집값 상승률 그래프를 옮겨온 것이다. 2006년 미국 은행들은 대출을 11.6%나 늘렸다. 그런데 집값은 제자리에 머물렀다. 이미 집값이 엄청나게 올라 있는 상태에서는 대출이 그 전보다 더 많이 증가해야만 집값이 추가로 오른다는 사실을 확인시켜준다.

2007년의 경우는 더 많은 것을 시사한다. 금융기관들은 모기지대출을 7.9%나 늘렸는데 집값은 오히려 9%나 하락했다. 서브프라

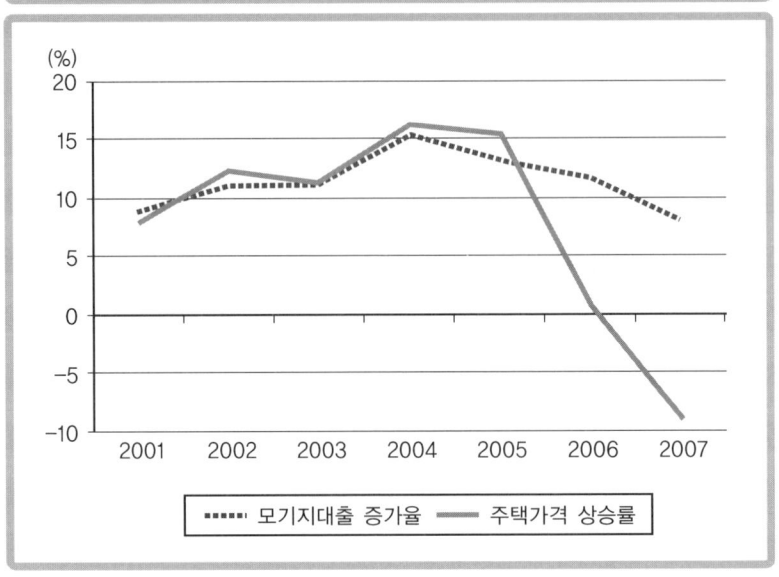

〈그림 4-1〉미국 모기지대출 증가율과 주택가격 상승률

임 사태가 본격화되기 훨씬 전인 2007년에 버블 붕괴가 시작된 것
이다. 대출이 7.9%라는 큰 폭의 증가율을 보이고 있는 와중에서 말
이다.

현실은 이렇다. 버블 붕괴는 시작되었다. 우리 앞에 놓인 길은 외
길뿐이다. 아래로 향한 내리막 외길뿐. 문제는 그 내리막길이 어디
서 끝날지, 내리막 경사도가 얼마나 가파를지일 뿐이다.

버블 붕괴가 시작되어 자산가격이 하락을 시작하면 시간이 지남
에 따라 가속도가 붙는 것이 모든 버블 붕괴가 반드시 거치는 필수
과정이다. 버블 붕괴 초기에 버블의 논리를 벗어나지 못해 망설이

던 사람들이 현실을 받아들이고 하나 둘 매도에 가담하게 되기 때문이다.

더 무서운 것은 자신의 의지와는 상관없이 강제로 매도해야 하는 사람들이 증가한다는 사실이다. 그때가 되면 가격하락이 가속화되고 본격적인 버블 붕괴 국면에 접어드는 것이다.

강제매각이라고 하면 누구나 경매를 떠올릴 것이다. 사업을 하다 부도가 나거나 무리한 대출로 부동산에 투자했다가 이자도 내지 못해 경매로 나오는 물건들이 시간이 지날수록 증가하기 때문이다. 그러나 경매란 부도가 나고 나서 채권자가 경매를 신청하고도 최소한 8개월 이상의 기간이 지나서야 경매시장에 물건이 나온다. 또 몇 차례 유찰을 거친 후에야 매수자가 나서므로 1년여 후에야 강제매각이 성사된다. 그러므로 버블 붕괴 초기국면에서는 경매가 부동산가격 하락에 큰 변수가 되지 않는다. 오히려 버블 붕괴가 본격화된 이후 그것을 가속화시키는 역할을 하게 된다.

2010년 하반기 입주할 16만 채 중
4만 채만 매물로 나와도……

경매 말고도 자신의 의사에 상관없이 집을 팔아야만 하는 사람들은 많다. 당장 2010년 하반기 아파트 입주물량이 16만 채가 넘는다. 수도권에만도 하반기에 새로 입주하는 아파트가 8만 8000여 가구라고 한다. 그중 절반 이상이 집을 넓혀갈 욕심으로 분양을 받은 사람들일 것이다. 그리고 그들 대부분은 입주할 때까지 기존의 아파트를 팔지 않는다. 늦게 팔수록 더 높은 가격을 받는 것이 버블 때의 경험이었으니까.

새 아파트 입주를 앞두고 그들이 선택할 길은 두 갈래다. 팔릴 수 있는 가격까지 낮추어 팔거나, 아니면 또 대출을 받아 신규 아파트 잔금을 치르는 것이다. 절반이 전자를 택한다고 가정을 해도 2010년 하반기에 팔아야 할 아파트가 4만 채가 넘는다. 수도권에만 2만 2000 가구다.

수도권 아파트의 거래건수가 2010년 5월에서 7월 사이의 3개월간 고작 2만 5000건이었다. 아파트를 팔려고 내놓은 집은 많은데 사려는 수요가 없어서 거래가 안 된 것이다. 그런데 꼭 팔아야 할 2만 2000 채의 매물이 더해진다면 가격이 어떻게 될까? 새 아파트 입주를 위해 할 수 없이 팔아야 할 물량을 소화하는 데만도 가격하락은 엄청날 것이다.

거기가 끝이 아니다. 할 수 없이 후자를 선택한 사람들의 갈 길도 순탄하지 않다. 대출을 또 받아 집을 한 채 더 늘렸으니 부담해야 하는 대출이자는 생활을 위협할 정도일 것이다. 그러므로 기존의 아파트가격이 조금만 올라도 서로 앞다투어 매도하려 할 것이다. 그러나 아파트가격이 그들의 바람대로 올라줄 가능성은 거의 없다.

입주를 위해 기존 아파트를 매각한 2만 2000 가구의 물량이 소화되면서 수도권 아파트가격은 크게 낮아진 상태일 것이다. 부동산중개소 유리창에 써 붙인 '시세판'도 그때쯤이면 하향조정이 이루어졌을 것이다.

그들은 고민에 고민을 거듭할 것이고, 결국 하나 둘 매도에 동참할 것이다. 자고 나면 가격이 떨어지는 것을 두 눈으로 확인할 것이고 대출이자의 부담은 금리상승으로 더 늘어만 갈 것이니, 결국 매도에 가담하는 것이 버블 붕괴의 일반적인 스토리다. 그렇게 버블 붕괴는 속도를 낼 것이다.

자신의 의사와 상관없이 강제로 아파트를 매도해야만 하는 사람들은 또 있다. 은행대출을 갚아나가기 위해서다. MB정부는 부동산 버블을 극대화하기 위해 가계대출의 거치기간을 3년에서 최대 5년까지 연장했다. 이제 그 기간이 지나고 원금을 상환해야 할 시간이 다가오고 있다. 이자도 버거운데 원금까지 상환해야 하고, 게다가 집값은 하락하고 있으니 눈물을 머금고 매도대열에 합류하는 사람이 늘어날 것이다.

대출금리마저 오르고 있으니 이자부담이 가중된다. 거기에 더해 가계소득은 MB정부 이후 쪼그라들고 있다. 그 근본원인이 '고환율정책'임은 앞에서 자세히 밝힌 대로다.

이야기를 하자면 끝이 없다. 버블이 커갈 때는 가격이 올라야 할 이유가 끝도 없이 쏟아져 나오지만 버블 붕괴가 시작되면 정반대가

된다. 최근 신문의 경제면을 장식하는 단군 이래 최대 사업인 '용산역세권개발사업'의 좌초, 부동산시장에 '토지보상금'이라는 이름의 유동성을 마른 논에 물 대듯 공급해오던 LH공사의 천문학적인 규모의 부실은 무얼 말해주는가?

이들도 버블 붕괴를 가속화시키는 요인들이다. 특히 토지보상금을 무제한 공급할 것 같던 LH공사가 20조 원이 넘는 토지를 팔겠다고 하니, 이제는 유동성을 빨아들이는 블랙홀로 변신하고 있다. 그 외에도 버블 붕괴라는 열차에 불쏘시개를 공급하려 대기 중인 요인들은 무수히 많다.

'나홀로 파티'를 즐기기에 여념이 없는 주식시장에 대해서는 3장에서 상세히 이야기했기에 긴 말은 생략하겠다. 유동성의 힘으로 오른 가격은 그 힘이 약해지면 제자리를 찾는 것이 당연한 이치다.

지금은 행동에 나서야 할 때다. 냉철한 머리로 과감한 결정을 내리고 단호하게 행동해야만 손실을 줄일 수 있을 것이다.

⓪2

버블 붕괴의 바닥은
어디일까?

버블 붕괴의 끝은 어디일까? 혹은 얼마
나 떨어져야 바닥일까?

이제 막 버블 붕괴가 시작되었는데 그 끝을 예측하는 것은 무모
한 일이다. 그럼에도 불구하고 이 물음은 앞으로도 끊이지 않을 것
이다. 마치 버블이 한창 기세 좋게 팽창할 때 '버블의 꼭지가 어디
일까?'를 예측하는 것만큼 정확한 예측이 어려움에도 누구나 궁금
해 할 물음이다. 향후 투자결정이나 다른 의사결정에 중요한 참고
가 되기 때문이다.

버블 붕괴의 폭과 깊이는 버블의 크기에 비례한다. 즉 버블이 클
수록 그리고 오래 지속될수록 그 반작용인 버블 붕괴의 바닥도 깊

어지고 또 오래 지속된다는 사실은 어찌 보면 당연한 이치다. 한국 자산시장의 버블은 미국보다 2년 더 지속되었다는 사실을 상기하면 전망은 어두워진다.

또 하나 버블 붕괴의 끝이 어디인지를 예측하는 좋은 방법은 '향후 부동산가격이 떨어질 만큼 떨어지면 누가 사줄까?'를 생각해보는 것이다.

이 물음의 대답을 찾기 위해 주위를 둘러보면 암담하다는 생각이 들 것이다. 부동산, 즉 아파트를 살 여력이 있는 사람이 눈에 띄지 않기 때문이다. 살 만한 사람은 이미 다 샀다. 두 채, 세 채를 가지고 있는 사람도 많다. 그런데 추가로 살 사람이 있을까? 고개를 저을 사람이 많을 것이다.

흔히 말하는 '실수요자'와 '투자수요자'로 구분해보면 예측이 더 쉬워진다. 먼저 실수요자부터 보자. 실수요자란 지금 집이 없어서 자기가 살 집이 필요한 사람이다. 지금은 30평대에 사는데 40·50평대로 넓혀 가려는 사람도 실수요자다. 다만 그 경우에는 수요와 매도가 동시에 존재하게 되겠지만.

다시 한 번 주위를 돌아보라. 자신이 아는 사람 중에 실수요자가 눈에 띄는가? 거의 없을 것이다. 물론 집이 없는 사람은 꽤 있을 것이다. 그러나 그들이 모두 실수요자는 아니다.

경제학의 기초이론인 '수요와 공급의 법칙'은 모두 잘 알 것이다. 그것이 모든 상품의 가격을 결정하는 법칙이다. 수요가 많으면 가격은 오른다. 그런데 수요란 사려는 의향이 있는 사람을 가리키는 것이 아니다. 사려는 의지가 있으면서 동시에 살 수 있는 경제적 능력까지 갖추었을 때 이를 '유효수요'라 하고, 이 유효수요가 '수요와 공급의 법칙'에서 수요가 된다.

그러므로 부동산시장에서도 실수요자라 하면 집이 필요하면서 동시에 집을 살 수 있는 경제력까지 갖추어야 한다. 그런 사람은 거의 없을 것이다. 왜냐하면 2002년 이후 지금까지 8년간 지속된 부동산 붐의 시기에 살 사람은 모두 샀기 때문이다. 살 능력이 있는데도 아직까지 집을 사지 않고 참았을 정도로 참을성이 강한 사람이 과연 있을까? 살 능력이 부족한데도 무리하게 집을 사서 어려운 상황에 처한 사람도 많은 것이 현실이다.

또 다른 수요는 '투자수요'다. 집이 있는데 또 집을 사는 사람들이다. 그 이유는 돈을 벌기 위해서다. 주식에 투자하듯 아파트에 투자하는 것이 하나도 이상하지 않은 시대에 우리가 살고 있다. 다시한 번 주위를 둘러보라. 그리고 투자수요가 될 만한 사람이 있는지 보라. 아마 이런 결론에 도달할 것이다.

'투자수요자는 이미 집을 여러 채 가지고 있다.'

그게 현실이다. 지난 8년간의 부동산 붐에서 집 한 채로 만족하지 못하고 욕심을 내어 두 채, 세 채 혹은 그 이상 투자한 사람이 부지기수였다. 물론 대출과 전세를 끼고, 엄청난 레버리지를 활용한 투자였다.

마지막 남아 있던 투자수요마저 2009년 초 정부의 의욕적인 부동산 규제완화와 사상 최저 금리에 자극 받아 아파트를 추가 매수했다. 그것이 2009년 한국의 부동산이 전 세계를 엄청나게 초과 상승한 원동력이었다. 그러니 누가 있어 추가로 부동산에 투자를 할 것인가?

그 사람들이 집값이 30% 떨어지면 집을 또 살까? 가능성은 거의 제로다. 만약 집값이 30% 오른다면 집을 또 살 것이다. 지난 8년간 그들이 했던 것처럼.

이것이 버블의 논리다. 집값이 오르면 레버리지를 일으켜 무리하게 투자를 한다. 그러나 집값이 떨어지면 모두들 레버리지를 줄이려 한다. 그러니 그 투자수요자들은 버블이 붕괴되는 지금의 상황에서는 '수요'가 아니라 '공급'의 편에 서게 되는 것이다. 가격이 비쌀 때 수요였고, 가격이 하락해서 싸지면 공급이 되는 것이 버블 심리학의 아이러니다. 가격이 더 떨어지면 투자수요자들은 자의가 아닌 타의에 의해 확실한 공급이 될 수밖에 없는 것이 냉정한 버블의 논리다.

그러면 바닥은 없는 것일까? 물론 그렇지는 않다. 어느 시점에서는 수요가 생겨난다. 그 수요 역시 실수요자와 투자수요자의 두 종류다. 먼저 투자수요를 보자. 투자수요가 새로 생겨나기 위해서는 선행요건이 있다. 지금의 지나치게 높은 가계부채가 낮아져야 한다. 그래야만 가계들이 새롭게 빚을 낼 여력이 생길 것이고, 빚을 내서 집을 사는 사람이 생길 것이기 때문이다. 문제는 가계부채가 낮아지는 과정에서 집값이 추락하는 고통이 반드시 수반된다는 점이다.

실수요자가 생겨나기 위해서는 가계소득이 많이 증가해서 지금은 집을 살 경제력이 안 되는 사람들이 경제력이 생기든지, 혹은 집값이 충분히 떨어져서 지금 집 없는 사람들이 집을 구입할 능력이 되든지 해야 한다. 전자의 가능성은 제로라 생각되므로 후자를 기대할 수밖에 없다.

얼마나 더 떨어지면 실수요자가 생길까? 이 대답을 위해서는 실수요자가 될 계층이 누군지를 보는 게 빠를 것이다. 가장 두터운 잠재 실수요자는 30대의 젊은 세대들이다. 직업을 갖고 고정소득이 있으며 가정을 꾸리고 나면 누구나 자기 집에 대한 욕구가 본능처럼 솟아난다. 문제는 경제적 능력이 따라 주느냐다.

그들의 현실 상황은 어떤가? 지금 40대나 50대에 비해 실질소득이 현저히 낮다. 오죽하면 이들을 '88만원 세대'라 부르는 데 많은 사람들이 공감을 표할까. 그들의 소득수준과 지금 집값으로는 서울은커녕 수도권에서도 집 살 엄두를 낼 수 없다. 그들이 현재의 소득을 모아 종자돈을 마련하고 또 미래소득을 담보로 대출을 얻어 집을 사는 데 현재의 집값은 터무니없이 높다. 그러면 지금 30대의 젊은 세대들이 집을 살 수 있으려면 어느 정도 가격이 더 떨어져야 할까?

이 책에서 그것에 대해 시간을 들여 세밀하게 분석할 필요까진 없을 것 같다. 그 가능성이 너무 요원하다는 정도의 추정만으로도 족할 것이다. 그러고 나면 부동산 소유자 혹은 잠재 투자자들이 지금 어떤 결정을 내려야 할지는 자명해질 테니까.

'정부가 버블 붕괴를 막아준다'는 믿음에 대해

　　　　　　　　'이명박 대통령은 3월 25일 가계부채 폭등 우려 확산과 관련, '가계부채가 늘어나는 속도에 대해서는 면밀히 모니터링하고 가계와 금융권에 미치는 영향을 점검해나가도록 하라'고 지시했다.'

　인터넷신문인 〈뷰스앤뉴스〉가 2010년 3월 25일자로 보도한 내용이다. 이 기사를 읽고 이런 생각을 한 사람이 많았을 것이다.

　'가계부채 문제가 얼마나 심각하면 대통령까지 나서야 했을까? 은행들이 무리하게 가계부채를 늘려 위험한 상황까지 왔는데 앞으로는 감소하겠구나.'

　대통령의 가계부채 관리 지시가 있고 나서 시간이 흐른 뒤 은행들의 가계대출 통계가 발표되었고, 이를 확인한 사람들은 황당해 했다. 은행들이 대통령의 지시를 따르기는커녕 완전히 반대로 행동했기 때문이다. 정부의 압력에 순종하기로 소문난 우리나라 은행들이 이렇게 대담했던가 하고 혀를 내두를 정도였다. 전후 사정은 이렇다.

대통령의 지시가 있기 전인 2010년 1분기에 은행들은 가계부채 증가속도에 급브레이크를 걸었다. 2009년 2~4분기간 은행의 가계부채는 매 분기 평균 약 6조 원씩 증가했다. 그런데 2010년 1분기에는 1조 원에도 못 미치는 7000억 원이 증가했으니 실질적으로 은행들은 가계대출 창구를 닫은 셈이었다. 은행들이 가계부채의 위험성을 충분히 인지하고, 자발적으로 가계부채를 줄여가고 있는데 대통령이 "가계대출 면밀히 관리하라"고 지시하였으니 우스운 일이었다.

그런데 더 우스운 일은 대통령이 가계대출을 줄이라고 지시하자마자 은행들은 가계대출을 급격히 증가시켰다. 4~6월의 세 달 동안에만 은행은 가계대출을 8.6조 원이나 늘렸으니 왕성하게 증가하던 2009년보다 오히려 50%가 더 늘어난 증가액이었다. 이게 도대체 어떻게 된 일인가 하고 어리둥절해 할 사람이 많을 것이다.

이유는 둘 중 하나일 것이다. 은행이 대통령의 지시조차 묵살할 정도로 대담해졌거나, 아니면 대통령의 말과 실제 지시가 달랐거나. 만약 후자라면 대통령의 가계대출 관련 발언은 훗날 가계부채 문제가 심각해졌을 때를 대비한 면피용이었다는 비난을 면하기 어렵다.

중요한 것은 은행이 취한 행동이다. 버블 붕괴가 시작되었고, 그 다음 단계인 대출축소와 부동산가격 하락이 상호 연쇄작용을 하는 악순환 과정이 시작되려는 찰라 또다시 무리하게 가계대출을 늘렸다. 그리하여 상황이 악화되는 것을 일단 지연시켰다.

대통령의 발언과 그 직후의 은행대출 급증을 보고 '정부가 버블 붕괴를 막을 것'이라는 신호를 읽었노라고 주장하는 눈치 빠른 사람이 있을지도 모르겠다. 그것이 사실이든 아니든 중요한 것은 정부의 의지로 대세의 흐름을 막는 것은 불가능하다는 사실이다. 더구나 정부가 버블 붕괴를 막고자 해도 그것을 실행할 카드가 별로 없다. 정부는 그 귀중한 카드들을 버블을 키우는 데 이미 다 써버렸기 때문이다. 왜 그런지 하나씩 따져보자.

버블이 붕괴될 때 정부가 사용할 카드는 금융정책이다. 금융정책이란 크게 두 가지다. 금리를 인하하는 것과 자금을 투입하는 것이 그것이다. 금리를 인하하면 경제주체들이 더 활발하게 대출을 받아 투자를 하므로 시중 유동성은 증가하고 부동산과 주식가격은 올라간다. 버블을 키워 버블 붕괴를 막는 것이다.

그 카드를 MB정부는 2008년 하반기에 버블이 꺼지려 할 때 이미 써버렸다. 그리고 2009년 내내 그 카드 덕분에 버블은 커질 대로 커졌다. '가처분소득 대비 가계부채비율'이 서브프라임 버블이 최고

조에 달했던 시점의 미국보다 훨씬 더 악화될 정도로.

금리는 사상 최저 수준을 유지하고 있는데 버블은 붕괴를 시작했고, MB정부는 눈물을 머금고 금리인상을 시작해야만 했다. 그것이 자의든 타의든.

또 다른 카드는 은행들에게 국민의 세금을 쏟아붓는 것이다. 흔히 말하는 공적자금이다. 돈은 무제한 줄 테니까 맘껏 대출을 늘리라고 은행에게 신호를 보내는 것이다. 이 카드 역시 MB정부는 2008년과 2009년 이미 써버렸다. 선제적인 조치라는 이름도 그럴 듯한 명분과 함께.

혹시 정부가 은행들에게 대출 늘리기를 강요해서라도 부동산 버블 붕괴는 막아줄 것이라고 믿는 사람도 꽤 있을 것이다. 그들에게는 앞에서 보여줬던 미국의 2006년과 2007년의 경우를 다시 한 번 보도록 권유하겠다. 2006년 미국 은행들은 모기지대출을 11.6%나 늘렸는데도 집값은 전혀 오르지 않았고, 2007년에는 또 대출을 7.9%나 늘렸는데 집값은 오히려 9%나 하락했다. 이미 폭등한 상태에서 집값이 추가로 상승하려면 대출이 그 전보다 더 많이 증가해야 한다는 사실을 분명하게 말하고 있다.

더 중요한 이유가 있다. 정부가 나서서 혹은 은행을 통해 '대출받아 아파트 투자하기'를 아무리 부추긴다 한들 소용이 없다. 그 위험성을 일반인들이 이미 알아버렸기 때문이다. 더구나 가계부채가 더 늘어날 수 없는 한계상황이다. 한술 더 떠서 가계소득은 '고환율정책'으로 시간이 지날수록 감소하고 있다. 대출을 갚을 능력이 줄고 있는데 어떻게 무제한 대출을 늘릴 수 있겠는가?

또 다른 카드가 있을까? 부동산업계 종사자들이 보수언론과 합창하듯 주장하는 것은 DTI 완화다. 그러나 이것을 완화해도 가계가 대출을 더 이상 늘리지 않을 거라는 사실을 또 말하는 것은 입만 아픈 일이다. 혹시 재건축완화를 통해 투기를 부추기려 할지도 모르겠다. 그러나 그 카드 역시 써먹을 대로 써먹어서 약발이 바닥난 처방이다. 더구나 그것은 강남 사람만 더 부자로 만들 뿐 버블 붕괴의 방지효과가 있지도 않다.

* 이 책의 출판작업이 진행되는 중인 2010년 8월 29일 정부는 DTI 완화를 발표했다. 완화라기보다는 폐지에 가까울 정도로 '화끈한' 조치였으니, 과연 MB정부는 부동산투자자들의 기대를 저버리지 않았다.

투자자들의 기대를 뛰어넘는 부동산 부양책을 내놓았으니 부동산이 침체를 끝내고 다시 상승세를 시현할까? 보수신문들은 기다렸다는 듯이 "급매물이 자취를 감추고 있다"면서 다시 바람을 잡고 있지만 그들의 바람이 현실화될 것 같지는 않다. 지난 8년간의 부동산 버블 기간 동안 살 사람은 다 샀다. 마지막 남았던 매수세마저 2009년 MB정부의 강력한 부양책으로 재상승을 보일 때 더 이상 참지 못하고 아파트에 투자했다.

더 중요한 사실은 대기매물이 엄청나다는 점이다. 2010년 하반기 입주할 새 아파트가 수도권에만 8만 8000 채다. 그중 상당수는 입주대금을 마련하기 위해 기존 아파트를 팔아야 한다. 그런데 정부의 부양조치를 기다리며 매도를 미뤄왔다. 이제 기다리던 부양책이 나왔으니 엄청난 대기매물이 쏟아질 것이다.

더구나 이 조치 이후에는 정부가 더 이상 쓸 카드가 없다. 그리고 사람들은 그 사실을 알고 있다. 그러니 부양책 이후 가격이 오르든 내리든 매도할 수밖에 없을 것이다. DTI 완화조치가 아파트가격을 올리기는커녕 폭락을 부를 가능성이 아주 큰 것이다.

인플레이션이 오면
부동산은 더 하락한다

"인플레이션이 온다고 한다. 그러면 부동산가격이 다시 오를 것이다."

주위에 이런 말을 하는 사람들이 의외로 많다. 2010년 들어 물가상승이 심상치 않다. 장바구니 물가는 서민들의 가늘어진 허리띠를 더 졸라매게 할 정도로 무섭기까지 하다. 그래서 부동산가격이 하락세를 멈추고 오를 거라고 기대를 한다.

어느 증권사가 투자자들에게 배포한 〈2010년 3분기 투자전략 보고서〉의 제목은 아예 '주식 인플레이션 시대가 온다'이다. 그러니 공격적으로 주식에 투자해야 한다고 결론을 맺고 있다. 인플레이션이 오면 부동산은 하락을 멈추고 상승세로 돌아서고, 주식은 오르던 추세가 가속화될 거라는 그들의 논리가 맞는지 보도록 하자.

그런 생각을 가진 사람들에게 "인플레이션이 오면 왜 부동산이 오르나요?"라고 묻는다면 아마 당연한 것을 묻는다는 듯이 뻔히 쳐다보다가 이런 질문 형식의 대답을 할 것이다.

"인플레이션이 오는 원인은 돈이 많이 풀렸기 때문입니다. 돈이 풀리면 부동산은 물론 주식도 오르는 것이 당연하지 않은가요?"

제법 그럴싸한 논리다. 그러나 거기에는 트럭도 지나갈 정도로 큰 구멍이 있다. 인플레이션이 무엇인지 그것이 왜 생기는지는 다 알 것이다. 돈이 많이 풀리면 인플레이션이 생긴다. 그러면 묻겠다. 2008년과 2009년에 한국에는 엄청난 돈이 풀렸다. 그래서 인플레이션이 발생했는가?

서민들이 느끼는 피부 물가는 심각한데 정부 발표는 3% 안쪽이라고 한다. 그러니까 인플레이션이 없었던 것이다. 왜 그랬을까? 돈은 엄청나게 풀렸는데 인플레이션이 안 일어난 이유는 무엇일까?

대답은 간단하다. 돈이 실물경제로 흘러들지 않았기 때문이다. 물가가 오르는 것은 돈이 물건을 구입하는 데로 쏠리기 때문이다. 물건에 대한 수요가 증가하면 물건의 가격인 물가가 오른다. 물건에 대한 수요란 가계의 소비와 기업의 투자다. 그런데 돈이 소비와 투자로 가지 않았고 물가는 오르지 않았다. 왜 그랬을까?

이 대답 역시 단순하고 쉽다. 불황이기 때문이다. 불황이라서 기업은 물건을 만들어도 팔리지 않으니까 투자를 하지 않았고, 가계는 소득이 줄었으니 소비를 늘리지 않았다. 그러면 엄청나게 풀린 돈들은 다 어디로 갔단 말인가?

이 대답 역시 모두 알고 있을 것이다. 그렇다. 그 돈들이 자산시장, 즉 부동산과 주식으로 흘러들었다. 그래서 자산가격이 뛰었고, 한국만 유동성 파티를 즐길 수 있었다.

이제 충분히 이해가 되었을 줄 안다. 왜 돈이 넘치도록 풀렸는데 인플레이션이 안 일어났는지를. 인플레이션에 대해 좀 더 엄밀히 말하자면 실물인플레이션과 자산인플레이션으로 나눌 수 있다. 그러니까 2009년에 한국은 실물인플레이션은 발생하지 않았고, 자산인플레이션만 발생한 것이다. 앞의 증권사가 이름 붙인 '주식인플레이션'은 향후 발생할 현상이 아니라 2009년 내내 지속돼온 현상이다. 그 '주식인플레이션' 혹은 자산인플레이션의 다른 이름은 버블이다.

가장 중요한 질문을 하겠다. 대답을 위해 약간의 생각이 필요한 질문이다. 만약 사람들이 기대하고 있는 대로 실물인플레이션이 발생한다면 부동산과 주식가격은 오를까?

천만의 말씀이다. 실물인플레이션이 발생한다는 것은 돈이 실물경제, 즉 소비와 투자로 흘러간다는 이야기다. 바꿔 말하면 돈이 자산시장에서 빠져나오는 것이다. 이것이 돈의 흐름이 실물인플레이션을 발생시키는 경로다. 당연히 자산가격은 하락한다.

정작 더 중요한 점은 따로 있다. 실물인플레이션이 발생하면 정부는 즉각 조치를 취할 것이다. 바로 금리인상이다. 금융위기 이전의 수준인 5%대로 단박에 금리를 인상할 것이다. 그것이 부동산과 주식에 미치는 영향은 끔찍할 것이다. 2010년 물가상승률이 3%를 넘을 것이라는 전망이 나오면서 MB정부가 마지못해 금리를 아주 소폭이나마 인상을 한 것도 인플레이션 우려 때문이다.

짐작하건대 인플레이션이 오면 부동산과 주식이 오를 거라고 기대하는 사람들은 이런 생각을 하고 있는 것 같다.

'향후에도 돈은 계속 풀릴 것이고 그에 따라 인플레이션이 발생하고 부동산과 주식이 오를 것이다.'

그러니까 문제는 인플레이션이 오느냐 아니냐가 아니고 돈이 계속 풀릴 것인지 아닌지의 문제다. 그리고 그 문제는 이 책의 주제이고 또 이 책의 시작부터 줄곧 논의해왔으므로 더 이상의 설명이 필요하지 않을 것이다. 결론을 한 번 더 말하면 이렇다. "가계들이 더 이상 '대출 받아 투자하기'를 하지 않고 있으며 향후에도 하지 않을 것이므로 유동성은 감소세를 지속할 것이다."

인플레이션에 대한 결론은 이렇다. 유동성의 증가세는 둔화되고 있다. 그럼에도 불구하고 지금까지 풀린 돈이 엄청나므로 실물인플레이션이 발생할 가능성은 아주 높다. 실물인플레이션이 발생하면 금리는 오르고 자산가격의 하락속도는 더 빨라질 것이다.

그렇다. 언뜻 듣기에 그럴싸했던 인플레이션이 오면 부동산이 오를 거라는 기대는 완전 틀린 생각이다. 그러니 인플레이션이 올 거라고 예상한다면 한시바삐 부동산과 주식을 파는 것이 정답이다.

'한국은 다르다' 와
'강남은 다르다'

　　　　　　　'한국의 부동산과 주식이 전 세계 평균을 42%나 초과 상승했다' 는 사실을 발견하는 데서 이 책은 시작됐다. 그 초과 상승의 원천을 밝힘으로써 한국의 금융과 자산시장의 현 상황을 분명하게 이해하고, 나아가 그 이후를 전망해보는 것이 이 책의 주제였다. 그리고 그 결론은 '초과 상승을 가능케 했던 유동성이 소멸됨으로써 한국 부동산과 주식도 전 세계와 키 맞추기에 들어갈 것이다' 였다.

　이 책의 결론에 동의하지 않을 사람도 있을 것이다. 그런 사람들 중에 이런 주장을 펴는 사람이 많을 것 같다.

　"한국의 주식과 부동산은 미국과 다르다."

언론에 뻔질나게 등장하는 부동산업계 종사자들이 대표적이다. 미국 등 선진국의 부동산이 아무리 떨어져도 한국의 부동산은 하늘 높은 줄 모르고 오르기만 할 것이니, 서둘러서 부동산에 투자하는 것이 돈을 버는 길이라고 그들은 주장해왔다. 물론 주식 강세론자들 역시 같은 논리를 버전만 달리하여 되풀이한다. "한국 주식은 다른 국가들과 다르다." 보수언론과 정부도 같은 주장을 지치지도 않고 반복한다.

2010년 들어 부동산 버블이 붕괴되기 시작하자 그들의 논조가 일부 바뀌었다. "한국의 주식은 다를 것이다"면서 슬그머니 부동산을 빼고 주식만을 강조한다. 그리고 부동산에 대해서는 "강남은 다르다"고 말을 바꾸었다. 서울과 수도권의 부동산 하락추세를 부정할 수 없는 상황이 되니까 강남이라도 마지막까지 붙들어보려는 것이다. 물론 주장에만 그치지 않고 강남만은 오를 이유를 수십 가지 제시하기도 한다. 정말 그럴까? 전 세계 부동산이 하락추세를 2년 이상 지속하고 있고, 한국의 부동산도 하락추세를 시작하였는데 그래도 강남만은 다를까?

이 책에서 그 논리를 하나하나 반박하는 것은 독자들의 아까운 시간을 쓸모없이 빼앗는 낭비적인 일이므로 하지 않겠다. 그 대신 혹시라도 그들의 말에 귀가 솔깃해질 사람도 있을지 모르는 일이기에 그 착각에 빠져드는 것을 막기 위해 책 이야기를 하나 하겠다.

최근 금융위기에 관한 책 하나가 관심을 끌고 있는데, 그 제목이

'이번에는 다르다(This Time Is Different)'이다. 메릴랜드대학의 카르멘 레인하트 교수와 하버드대학의 케네스 로고프 교수가 공저한 이 책은 과거 발생한 모든 금융위기의 원인을 분석하고 이렇게 결론을 맺는다.

과다한 부채의 증가 —그것이 정부든 은행이든 기업이든 혹은 개인이든—가 금융위기의 원인이었다. 그러므로 어느 경제주체의 부채가 상당 기간 급증하면 금융위기가 발생할 가능성이 커진다.

부채의 증가는 금융당국이 수시로 공표를 하므로 누구나 쉽게 알 수 있다. 그런데도 부채증가가 멈추지 않고 계속 증가하여 마침내 금융위기를 발생시키기에 이르는 데는 이런 생각이 사람들의 머릿속에 자리 잡기 때문이다. '이번에는 다르다.' 버블 시기마다 사람들은 이런 착각에 빠져들어 버블에 동참하여 버블을 한없이 키우고, 결국에는 버블 붕괴로 큰 손실을 입는다는 것이다. 그리고 이런 생각은 버블이 생길 때마다 되풀이된다는 것이 이 책이 전하는 메시지다.

버블을 만드는 마법의 주문, "강남은 다르다"

멀지 않은 과거의 경험에서 이 메시지를 직접 확인할 수 있다. 우리도 직접 경험했던 '벤처 버블' 혹은 '인터넷 버블'이다. 그때 벤처 주식 투자자들을 사로잡았던 말은 '패러다임 쉬프트(paradigm shift)'였다. 과거의 모든 '판단기준(paradigm)'이 완전히 바뀐다는 말이다. 그러니 이전의 잣대로 인터넷 기업의 주식을 평가하는 것은 어리석고 잘못된 생각이라는 것이다. "이번에는 다르다"는 마법의 주문이 이처럼 강하게 사람들의 뇌리에 파고든 적도 많지 않을 것이다.

왜 그런 이야기가 나왔을까? 당시 인터넷기업의 주가를 금융이론으로 평가하면 터무니없는 가격이었기 때문이다. 그러니 그 기준은 잊어버리고 지금의 주가를 그냥 받아들이라는 말이 '패러다임 쉬프트'였다. 그 착각이 사람들의 뇌리에 깊숙이 각인되었기 때문에 인터넷기업 투자자들은 말도 안 되는 가격에 미친 듯이 주식을 사들였다.

2009년 한국의 부동산과 주식이 다른 나라들을 엄청나게 초과 상승했을 때도 "한국은 다른 나라와 다르다"는 말이 사람들을 지배했다. 그리고 2010년에는 이런 말들이 널리 퍼지고 있다. "한국의 주식은 다른 나라와 다르다." "강남의 부동산은 서울과 수도권의 다른 지역과 다르다." 이 말들이 또 하나의 마법주문처럼 사람들의 머릿속을 파고들고 있다.

그런 주장을 하는 사람들에게 이런 질문을 하고 싶다.

"주식과 부동산이 실물경제와 괴리되어 따로 갈 수 있는가?"

물론 단기적으로는 실물경제와 자산가격이 다른 길을 걸을 수 있다. 그리고 그 주된 요인은 유동성이다. 그러나 조금만 시야를 길게 가져가면 주식이든 부동산이든, 그리고 다른 자산가격도 결국 실물경제에 수렴한다. 왜냐하면 실물경제가 주식과 부동산의 적정 가치를 결정하고, 주식과 부동산의 가격은 적정 가치에 수렴하기 때문이다.

또 하나 중요한 질문에 대답해보라.

"한국 경제가 세계 경제와 다른 길을 갈 수 있는가?"

이 질문에 대해서는 대부분 고개를 저을 것이다. 오랫동안 수도 없이 들어와서 이제는 머릿속에 각인된 이 말 때문이다.

"한국 경제는 소규모 개방경제(small open economy)다."

이 말은 국내외를 막론하고 연구기관의 연구자료와 경제전문가들의 입에서 한국 경제를 정의하는 문장으로 오래전부터 사용돼왔다. 그러다 보니 일반인들조차 아무 의심 없이 이 말을 받아들이게 됐다.

'개방경제'란 세계 경제의 동향에 큰 영향을 받는 경제를 말하고, '소규모'란 경제규모가 작아서 세계 경제에 영향을 미치기보다 영향을 받는 쪽이라는 의미다.

매년 한국 경제를 진단하고 정책자문을 하는 IMF의 〈2009년 한국 경제 자문보고서〉의 첫 문장은 이렇게 시작하고 있다.

"다른 고도의 개방경제들처럼 한국 경제 역시 2008년 4분기에 글로벌 금융위기의 영향을 크게 받았다(Like other **very open economies**,

Korea was hit hard by the global financial crisis towards the last quarter of 2008)."

'개방경제'라는 표현도 부족하여 '**고도의 개방경제**(very open economy)'라는 표현을 쓸 정도로 한국 경제는 고도로 개방되어 있다. 물론 금융시장과 자본시장 역시 세계 어느 국가 못지않게 개방 정도가 크다. 그러므로 한국 경제는 세계 경제 상황에 절대적인 영향을 받을 수밖에 없다.

두 개의 질문을 한 이유를 이제 알 것이다. 한국 경제는 세계 경제의 영향에서 자유로울 수 없다. 그리고 부동산과 주식시장은 길게 보면 실물경제의 영향권을 벗어날 수 없다. 그러므로 결론은 이렇다.

'한국의 주식과 부동산은 길게 보면 전 세계와 다른 길을 갈 수 없다.'

물론 '길게 보면' 그렇다는 것이다. 현실의 경제는 경제이론과 단기적으로는 괴리되는 일이 자주 발생하기 때문이다. 단기적인 괴리현상을 일으키는 주된 요인이 유동성임은 알고 있을 것이다. 유동성이 제자리를 찾으면 단기적인 괴리현상 역시 금방 제자리를 찾아간다.

그럼에도 "한국은 다르다"는 착각이 널리 퍼져 있다면 의심을 해보아야 한다. 혹시 이런 주문에 의해 말도 안 되는 버블이 커지고 있지 않은지를.

강남 아파트가 덜 하락한 네 가지 이유

말이 나온 김에 강남 아파트의 동향에 대해 알아보자. 국토해양부가 발표하는 '아파트 실거래가 동향'을 보면 2010년 들어 경기도는 물론 서울의 다른 지역에 비해 강남 아파트의 실거래가가 덜 하락했다. 이를 근거로 "강남 아파트는 다르다"는 목소리가 더 커졌음은 물론이다.

이런 현상은 주식시장에서 흔히 보는 강세장 마무리 국면의 상승 종목 슬림화 현상과 다를 바가 없다. 상승 에너지가 약해지면서 하나 둘 상승대열에서 탈락하는 과정이 바로 슬림화 현상이다. 그리고 마지막 남은 종목마저 하락세에 동참하고 나면 본격적인 하락이 진행되는데, 이런 경우 늦게 하락하기 시작한 종목의 하락폭이 더 커지는 경우가 많다.

그러면 왜 강남 아파트가 마지막까지 상승종목으로 남게 되었을까? 네 가지 이유를 생각해볼 수 있다. 첫째는 "강남은 다르다"는 마법의 주문이 일부 사람들에게 먹혀들었기 때문이다. 그 결과 조금 남아 있는 매수세가 강남으로 몰렸을 것이고, 하락폭은 상대적으로 작아졌을 것이다.

두 번째 요인도 "강남은 다르다"는 주문과 관련이 있다. 신문이나 주간지를 보면 개인들을 위한 재무상담 코너들이 많이 있다. 은행의 PB지점장이나 보험사의 재무설계사란 타이틀을 단 사람들이 주로 나와 상담을 한다. 부동산에 관한 상담의 대부분은 이런 내용이다. "집을 두 채, 혹은 세 채 가지고 있는데 어떻게 해야 하나요?" 그리고 그에 대한 대답 역시 천편일률적이다. "강남 아파트를 빼고 다른 곳의 아파트를 매도하여 현금을 확보하세요." 이것과 반대로 상담하는 컨설턴트를 지금껏 보지 못했다. 아파트를 파는 순서에서 강남 아파트를 가장 뒤에 두라는 이야기다. 이 말이 일부 사람들에게 먹혔을 것이고, 그 결과 강남 아파트는 상대적으로 덜 하락했던 것이다.

세 번째는 공급요인이다. 가장 먼저 하락을 시작하고 하락폭도 가장 큰 분당, 용인, 일산 등 수도권 지역의 공통점은 대규모 신규공급이 있었다는 점이다. 한때 제2의 강남이라고 불리던 분당을 보면 금방 이해된다. 바로 이웃한 판교에 3만 가구 이상이 입주를 시작하자 분당 아파트를 팔아야 하는 사람들이 많아졌고, 거래가 급감한 가운데 매물이 쏟아지자 수도권에서도 가장 큰 폭으로 가격이 하락했다. 용인과 일산도 마찬가지로 주변에 대규모의 신규공급이 발생하자 부동산가격에 쌓였던 버블이 일시에 붕괴되었다. 그에 반해 대규모 공급이 없었던 강남은 버블 붕괴가 늦어지고 있는 것이다.

또 다른 이유는 강남 아파트가 '강제매도'로부터 아직은 자유롭다는 점이다. '강제매도'가 경매나 입주를 위해 할 수 없이 팔아야 하는 경우 등을 뜻하는 것임은 앞에서 이야기했다. 강남 사람은 평균적으로 재산이 많다. 더 중요한 점은 현금확보가 꼭 필요한 경우에도 강남이 아닌 지역의 아파트를 먼저 팔도록 속칭 전문가란 사람들이 이구동성 외쳐대고 있으니 가격 하락폭이 작았다.

그러나 하락세가 본격화되면 강남 아파트 역시 강제매도로 등장할 수밖에 없다. 강남은 다른 지역보다 더 큰 금액의 대출을 끼고 매수를 한 투자수요가 더 많았다. 대출이자 부담이 다른 지역보다 더 클 수밖에 없을뿐더러 가격하락이 본격화되면 담보부족으로 대출상환 압력을 더 많이 받을 것이 자명하다.

무엇보다 버블 붕괴가 본격화되어 가격이 바닥 모르고 곤두박질칠 때 사줄 사람이 없다는 점을 명심해야 한다. 과거 강남 아파트를 매수하던 사람들은 주로 아파트 투자에서 이익을 본 사람들이었다. 서울 혹은 수도권의 다른 곳에서 투자한 아파트의 가격이 급등하자 이를 처분하여 그 돈으로 강남 아파트 한 채를 구입했던 사람이 많았다. 그런데 다른 곳의 아파트가격이 급락하면 강남의 비싼 아파트를 새롭게 구입할 여력이 있는 사람이 사라질 것이다.

반드시 명심해야 할 점이 있다. 주식이든 부동산이든 가격은 결국 가치에 수렴한다는 사실이다. 보수언론과 거기에 등장하는 재무상담사들이 입을 모아 "강남은 다르다"고 쉬지 않고 외쳐대더라도 그 효과는 단기적일 수밖에 없다. 그들이 아무리 떠든다고 해서 가치가 올라가는 것은 아니니까. 일시적으로 가격이 오를 수는 있지만 결국 가격은 가치에 수렴하는 것이 과거 경험이었다.

그러므로 아파트를 두 채 이상 가진 사람이 나에게 묻는다면 이렇게 대답하겠다.

"지금 경기도와 신도시의 아파트를 매도하려면 'KB아파트시세'에서 20%는 낮추어야 매수자를 찾을 수 있습니다. 그에 반해 강남 아파트는 약간만 가격을 낮추어도 매수자를 찾을 수 있는 상황입니다. 이런 상황은 오래가지 않을 것입니다. 그러니까 강남 아파트를 먼저 파는 것이 정답입니다. 시간이 지나서 버블 붕괴가 깊어지면 강남이든 어디든 하락폭은 같아질 테니까요."

06

'강남 부자 따라 하기'와 '폭탄 처리반'

2009년 초가을 어느 모임에서 부동산이 화제가 되었다. 2008년 말 급락했던 아파트시세가 2009년 들어 급반등한 후 상승세가 유지되고 있었으나 여전히 불안감이 남아 있는 시점이었다. 집을 여러 채 가진 사람은 물론이고 집이 없는 사람도 향후 집값 전망에 귀가 쫑긋해질 상황이었다.

몇 사람이 나에게 한국 부동산시장이 향후 어떻게 될지 이야기해 줄 것을 요청하였고, 나는 《유동성 파티》에서 밝힌 내용을 간추려 말해주었다.

모임에 참석한 사람들의 의견은 대략 반반이었다. 절반 정도는 한국만 부동산가격이 오르는 현상은 오래가지 않을 것이고, 조만간 부동산에 올인한 사람들의 가슴이 철렁할 정도로 집값이 떨어질 것이라는 내 의견에 동의하였다.

다른 절반의 사람들은 내 설명에 한편으로는 고개를 끄덕이면서도 다른 한편으로는 당시 부동산시장의 강한 흐름이 쉽게 꺾이지 않을 것이라는 쪽으로 마음이 기우는 듯했다. 말하자면 이론상으로는 내 말이 맞지만 현실이 어디 항상 이론에 맞게 펼쳐지느냐는 것이었다.

그 사람들이 내놓은 의견들 중 내 호기심을 강하게 자극하는 말이 있었다. 그 말을 그대로 옮기면 이렇다.

"강남 아파트가 올해 가장 많이 상승했다. 그리고 신문기사를 보면 강남은 다른 지역보다 매물은 적고 매수세는 많다고 한다. 강남 부자들이 이처럼 아파트를 팔지 않는 것은 일반인이 알지 못하는 고급 정보가 있기 때문일 것이다."

강남 아파트가격이 급등했는데도 매물이 나오지 않는다는 것이고, 그 이유는 강남 부자들이 앞으로도 가격이 더 오를 것이라고 판단하고 있기 때문이라는 말이다. 그런 판단은 일반인은 모르는 정보를 토대로 한 것일 테고.

한국에서 강남이란 지역은 돈 많은 부자와 기업인은 물론 고위관료들까지 몰려 사는 특수한 곳이다. 그러므로 일반인에게는 알려지지 않은 부동산정책과 정보들이 그들끼리는 오고 갈 것이라는 추측이 힘을 얻는 것이다. 그리고 그들의 투자를 따라서 하면 성공확률이 높을 것이라는 믿음까지 생겨났다.

'부동산투자에서 강남 부자 따라 하기'에 대한 믿음은 학습효과의 산물이기도 하다. 과거 수십 년간 부동산투자에서 강남 부자들의 수익률은 타의 추종을 불허했고, 또한 부동산 부자들은 대다수가 강남에 모여 살기에 이런 믿음이 더 강해진 것이다.

그러나 강남 부자들이 부동산투자에서 남들보다 큰 수익을 낼 수 있었던 것은 강남 아파트가 다른 지역보다 몇 배 더 올랐던 지극히 단순한 사실 때문이었다. 그들의 투자에 대한 안목과 판단이 남들보다 더 뛰어났기 때문이 아니었다. 그런데도 수많은 사람들 사이에 '강남 부자 따라 하기'가 허황된 미신처럼 번졌다.

이런 허황된 믿음을 부추기는 것이 보수언론이었다. 보수언론들의 기사를 보고 있으면 수도권, 특히 강남의 아파트는 상당 기간 상승을 지속할 것만 같았다. 그리하여 전 세계 부동산가격이 폭락하는 것과는 완전히 딴 세상이 최소한 강남에서만은 오래도록 지속될 것이라는 허무맹랑한 이야기가 사람들에게 먹혀들었다. 이런 맹목적인 믿음으로 많은 사람들이 강남의 아파트에 투자했다.

나는 그 자리에서 대놓고 반박을 하지는 못했지만 마음속에는 강한 의구심이 일었다. 정말 그랬을까? 전 세계 부동산가격이 폭락을 거듭함에도 불구하고 강남 아파트는 상승했는데, 강남 부자들은 앞으로도 더 오를 것이라고 믿고 있었기 때문일까? 그리고 그런 믿음을 행동으로 옮겼을까?

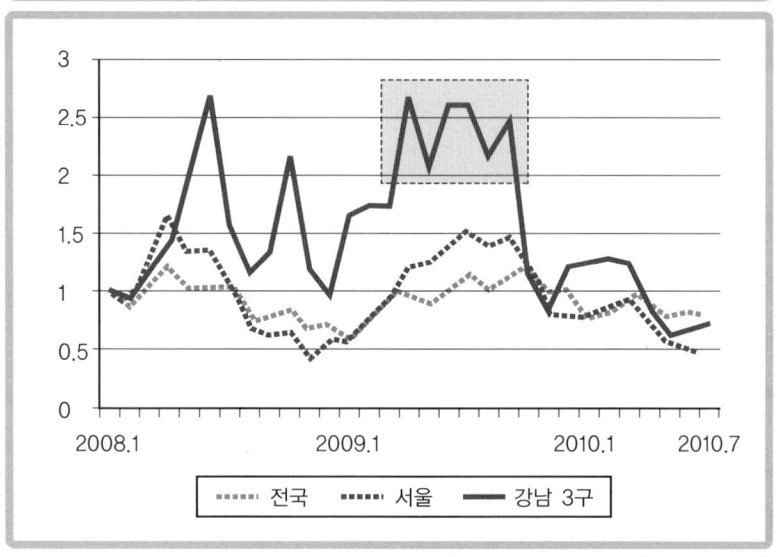

〈그림 4-2〉 아파트 거래량

(자료: 국토해양부의 '온 나라 부동산 통계')

시간이 흘러 몇 개의 통계가 발표되었고, 강남 부자들이 부동산에 올인하고 있었다는 보수언론의 대대적인 보도가 전혀 사실무근이었음이 밝혀졌다. 그 통계를 보자.

〈그림 4-2〉는 2008년 1월을 기준으로 한 아파트 거래량 추이를 보여준다. 2008년 중반 급증했던 거래량이 연말에는 급감했다. 글로벌 금융위기의 영향 때문이었다. 그런데 2009년 초부터 강남 3구의 아파트 거래량이 급증하고 있다. 전국 및 서울 전체의 거래량보다 증가율이 훨씬 더 가파르다. 2008년 초보다 거래량이 무려 2.5배에 달하는 이상 현상이 9월까지 지속되었다.

왜 강남만 거래량이 급증하는 이런 현상이 생겼을까?

미국 등 전 세계의 부동산이 폭락하고 있다는 사실은 누구나 알고 있었다. 그런 와중에 한국만 아파트가격이 오른다는 사실에 많은 사람들이 의아해했고, 쉽게 매수에 가담하지 못했다. 그러므로 가격은 올랐지만 그 오른 가격에 아파트를 팔려고 해도 팔리지 않았던 것이 당시의 상황이었다. 당연히 거래량이 감소했다. 일반적으로 가격이 상승하는 시기에는 거래량이 느는 것이 정상인데 2009년 하반기 수도권 아파트 거래량이 늘지 않았던 것은 이런 연유 때문이었다.

그러나 강남 아파트는 다른 지역과 달리 거래량이 급증했다. 매수세가 몰렸기 때문이다. 수도권 다른 지역과 달리 강남 아파트만 매수세가 살아난 데는 보수언론과 부동산업계 관계자들이 열심히 퍼뜨린 미신, 즉 금융위기가 오든 아니면 그보다 더한 것이 오더라도 강남 아파트만은 상승할 이유가 있다는 허황된 이야기가 사람들에게 먹혀들었기 때문이다.

재미있는 점은 정작 일부 강남 부자들은 '강남 아파트 불패론'을 곧이곧대로 믿지 않았다는 점이다. 잘못된 미신에 빠진 사람들이 사려고 덤벼들자 그들에게 비싼 가격으로 팔아넘긴 것이다. 이것이 '강남 부자 따라 하기' 에피소드의 진실이다.

정부는 강남 아파트의 시세를 띄우기 위해 정부가 가진 모든 권한을 동원하여 혜택을 주고, 은행은 강남 아파트를 사려는 사람에게 무제한의 '대출 퍼주기'를 시행하고, 보수언론은 그것을 과대

포장하여 선전하고, 속칭 부동산 전문가라는 사람들은 사탕발림의 논리로 강남 아파트가 오를 수밖에 없는 이유를 반복적으로 읊어댐으로써 강남 아파트로 돈이 몰려들게 만들었다. 그야말로 오를 대로 오른 강남 아파트를 대상으로 '폭탄 돌리기' 게임을 벌였던 것이고, 일부 사람들이 거기에 넘어가 '폭탄 처리반'이 된 것이다.

그러나 경제란 마치 큰 강물과 같아서 일부 몰지각한 사람들이 그 도도한 흐름을 막겠다고 몇 개의 댐을 쌓고 강바닥을 뒤집어놓기도 하지만, 어리석은 짓에 불과할 따름이다. 잠시 멈추는 것 같던 강물은 머지않아 힘찬 흐름을 재개할 것이고, 그때는 막기 전보다 몇 배 더 강한 흐름일 테니까.

무엇보다 전 세계가 부동산 폭락을 경험하고 있는데 한국만 주야장천 오르기를 기대하는 것은 경제의 기본을 모르는 무지한 일이다. 정부와 은행이 아무리 정책적 혜택과 자금을 제공해도 오래갈 수 없는 일이었다.

강남 부자들을 따라 강남 아파트를 사야 한다고 말했던 사람이 그 생각을 실천에 옮겼는지는 물어보지 않아서 모르겠다. 만약 그 생각대로 행동했다면 지금쯤 어떤 결과가 나왔을지는 구태여 물어볼 필요도 없다. 강남 부자들이 오를 대로 오른 가격에 내놓은 아파트를 떠안고서 잠 못 드는 밤들을 지새워야 했을 것이다.

문제는 '강남 부자 따라하기'의 미신이 비단 내가 만났던 그 사람에게 국한된 현상이 아니라는 점이다. 강남에 살지 않는 수많은 사람들이 그것을 훌륭한 재테크 원칙으로 받아들이고 있다. 보수언론들의 반복적인 선전으로 마침내 마음이 움직였을 것이고, 일부는 강남 아파트를 매수하기까지 했을 것이다. '강남 부자 따라 하기'의 함정에 빠진 것이다.

07

은행 주식을
가장 먼저 팔아야 할 이유

버블 붕괴가 시작되면 주식투자자들
이 가장 먼저 취해야 할 행동은 무엇일까?

결론을 먼저 말하면 은행주식을 서둘러 파는 일이다. 부동산 버
블이 붕괴되면 은행이 엄청난 손실을 입을 것은 불을 보듯 자명하
기 때문이다.

이것은 한국보다 2년여 먼저 버블이 붕괴된 미국을 보면 더 분명
해진다. 서브프라임 사태라는 말을 들으면 가장 먼저 떠오르는 사
건이 아마 리먼브러더스의 파산일 것이고, 그 다음이 씨티은행, 뱅
크오브아메리카 등 세계 최대 은행들의 파산위기일 것이다. 이들
대형은행은 정부의 공적자금 지원이 없었다면 파산을 피할 수 없었

을 것이다.

〈그림 4-3〉은 씨티은행(Citigroup)의 주가 추이를 보여준다. 앞에서 보았듯이 미국의 집값은 2006년 하반기에 고점을 찍고 하락하기 시작했다. 그리고 2007년에는 9% 하락했다. 그 영향으로 씨티은행의 주가는 2007년 내내 하락을 지속했다. 2007년 초 55달러를 상회했던 주가는 연말에는 33달러로 그해에만 40%나 하락했다. 아직 글로벌 금융위기가 발생하기 전이었는데도 주가가 그 정도 급락한 것은 집값하락으로 은행의 부실채권이 증가했기 때문이다.

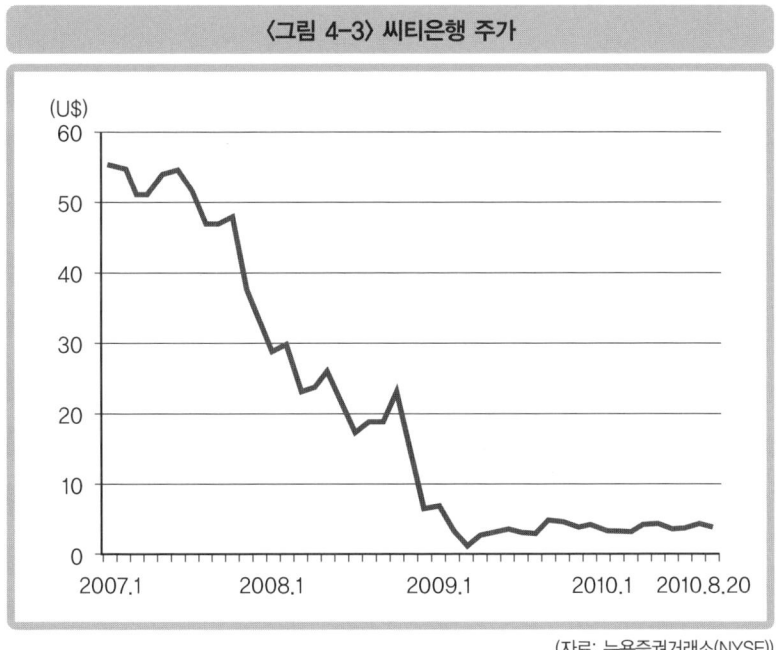

〈그림 4-3〉 씨티은행 주가

(자료: 뉴욕증권거래소(NYSE))

2008년은 서브프라임이 수면 위로 부상한 시기였고 마침내 그해 9월 15일 리먼브러더스가 파산하기에 이르렀다. 2008년 초부터 씨티은행의 주가는 급락했고 9월에는 20달러까지 하락했다. 그러나 거기가 끝이 아니었다. 서브프라임에서 시작된 대출부실은 집값하락이 더 지속되자 우량대출로까지 확산되었고, 마침내 씨티은행은 파산위기로까지 내몰렸다. 그리고 주가는 2009년 3월에는 1달러까지 추락했다.

씨티은행 주가 55달러에서 1달러까지 추락

지금 한국이 즐기고 있는 유동성 파티가 미국의 서브프라임 버블과 닮은꼴이고, 한국의 가계부채 문제는 서브프라임 사태가 터지기 직전의 미국보다 훨씬 더 심각하다는 사실은 여러 차례 밝혔다. 그 다음에 일어날 일이 무엇인지를 꼭 겪어봐야 아는 것은 아니다. 집값이 하락하고 은행의 부실이 급증하는 것이 유동성 파티가 끝나고 나면 벌어질 사태들이다.

미국은 금융이 발달했으므로 은행대출을 증권화하여 투자자들에게 판매한다. 즉 대출부실 위험의 일부를 투자자에게 전가했다. 그래서 투자은행인 리먼브러더스가 파산한 것이고, 세계 최대 보험사인 AIG가 천문학적인 금액의 공적자금을 받고 겨우 목숨만 부지했

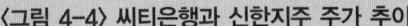

〈그림 4-4〉 씨티은행과 신한지주 주가 추이

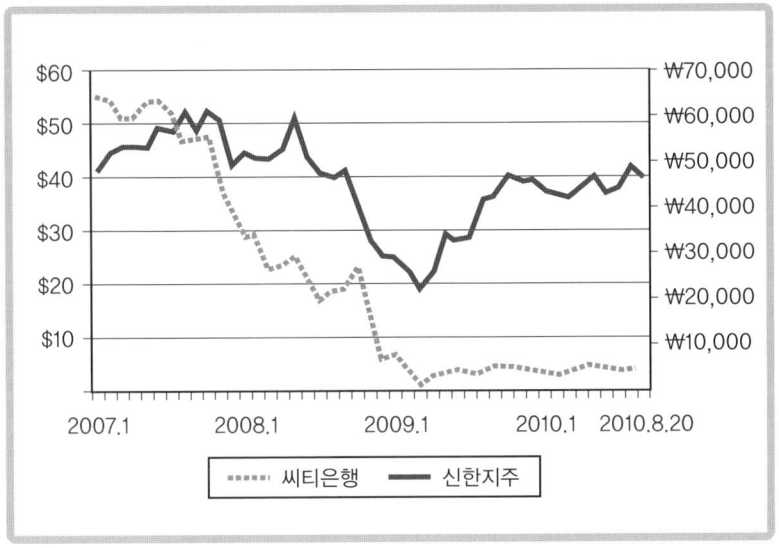

(자료: 뉴욕증권거래소, 한국증권거래소)

던 것이다. 그러나 한국은 그런 증권화가 발달되지 않았으므로 대출부실의 위험은 고스란히 은행과 보험회사 등 대출기관이 짊어질 수밖에 없다.

〈그림 4-4〉는 씨티은행과 한국 2위 은행인 신한지주의 주가를 비교한 것이다. 신한지주 역시 2008년 9월 글로벌 금융위기가 터지자 주가가 폭락했다. 9월 초 4만 8000원이었던 주가가 2009년 3월 6일에는 2만 500원까지 폭락했다. 그러나 곧바로 신한지주의 주가는 무섭게 급등하기 시작했고, 2009년 9월에는 금융위기 이전의 주가인 4만 8000원을 회복했다.

이 그래프를 보고 혹시라도 '신한지주 역시 씨티은행과 똑같이 금융위기를 겪었는데, 신한지주는 금융위기를 잘 극복하여 주가가 빠르게 회복했다'라고 생각하는 사람이 있다면 이 책이 구구절절 밝힌 사실들을 전혀 깨닫지 못하고 있는 것이다.

신한지주의 주가가 2008년 하반기 급락했던 것은 글로벌 금융위기의 한파가 한국에까지 영향을 미쳤기 때문이고, 특히 외국인들이 한국 주식을 대거 팔아치웠기 때문이다. 그러나 글로벌 금융위기가 한국의 금융위기를 불러오지는 않았기에 신한지주의 주가는 급등할 수 있었다.

한국 가계들은 잠시 멈추었던 '빚내서 투자하기'를 다시 시작했고, 부동산가격은 급등했다. 그러니 은행의 부실채권은 감소하고 은행 주가는 급등했던 것이다. 은행들이 대출과잉으로 터질 뻔한 문제를 재빨리 대출을 더 늘림으로써 봉합한 결과였다. 그러나 그런 식의 미봉책은 오래갈 수 없는 것이 세상 이치다. 불과 1년을 견디지 못하고 거품의 여기저기에 구멍이 나서 바람이 새기 시작했으니, 굉음을 내며 거품이 파열될 시간도 얼마 남지 않은 것이다.

유동성 파티가 끝난 뒤 은행 주가가 얼마나 떨어질지는 대출부실 규모가 얼마나 커질지에 달려 있다. 이제 막 시작한 집값하락이 은행에 어느 정도의 손실을 안길지 정확한 예측은 불가능하지만 대략적인 가늠은 해볼 수 있다. 그리고 그런 가늠만으로도 은행 주식에 미칠 영향을 파악하기에는 충분하다.

2010년 8월 19일 금융감독원이 발표한 '2010년 6월 말 국내 은행의 부실채권 현황'에 의하면 2009년 국내 은행에 신규로 발생한 부실채권은 31조 원이었다. 그리고 2010년 상반기에만 또 19조 원의 부실이 발생했다. 연간으로 환산하면 38조 원이다. 향후 버블 붕괴가 본격화될 경우 2009년보다 3배로 상황이 악화되어 93조 원의 부실채권이 발생한다고 가정해보자.

만약 이 정도의 부실채권이 발생한다면 은행 주가는 어떻게 될까? 이에 대한 답을 알아보기 위해 은행의 대출규모와 자본상황을 알아보자.

〈표 4-1〉 상장은행의 총여신 및 자기자본(2009년 12월 말) (단위: 조 원)

은행명	총여신(A)	자기자본(B)	비율(B/A)
국민은행	204.5	19.3	9.4%
우리은행	170	13.6	8.0%
신한은행	150.2	13.4	9.2%
하나은행	104.7	9.2	8.8%
외환은행	70.6	8.0	11.3%
합계	**700**	**63.5**	9.1%
기타 시중은행	85		
지방은행	70		
특수은행	433		
총계	**1288**		

(자료: 금융감독원)

금융감독원이 2010년 2월 1일 발표한 '2009년 12월 말 국내 은행의 부실채권 현황 및 정리 추진 실적'에 의하면 상장된 5개 국내 은행의 총여신 합계는 700조 원이다. 비상장 시중은행, 지방은행 및 특수은행을 모두 합한 대출총액은 1288조 원이므로 5개 상장 시중은행의 비중은 54%다.

앞에서 가정한 93조 원의 부실채권이 대출비중만큼 발생한다고 가정하면 5개 상장 시중은행의 부실채권은 93조 원의 54%인 50조 원이 된다.

50조 원의 부실채권 전액이 은행의 손실로 귀결되는 것은 아니다. 담보가 있는 경우 이를 처분하여 일부를 회수할 수 있기 때문이다. 그 회수율을 40%로 가정하면 은행이 최종적으로 부담하는 손실액은 30조 원이 나온다.

이 정도의 손실이 은행에 미치는 영향이 어느 정도인지 알아보기 위해서 은행의 자기자본이 얼마인지 알아보자.

각 은행들의 자본총계는 금융감독원의 'DART(정기공시시스템)'에서 확인할 수 있다. 5개 시중은행의 자본총계는 2009년 말 현재 63.5조 원이다. 그리고 평균 자기자본비율은 9.1%다.

부실채권에서 발생한 최종 손실 30조 원은 5개 상장은행 자기자본의 절반에 해당된다. 이 정도의 손실이 발생한다면 주가가 어찌 될지는 상상할 수 있을 것이다.

5개 상장 시중은행이 최종적으로 30조 원의 손실을 입는다고 해도 자기자본의 절반은 남아 있으므로 파산의 문턱까지 갔던 미국의 씨티은행과는 비교할 수 없다고 생각하는 사람도 있을 것이다. 그러나 상황이 악화되어 악순환이 시작되면 그 끝이 어디가 될지는 누구도 예단할 수 없다. 더구나 그 악순환이 1년 만에 끝나지 않고 몇 년간 이어진다면 은행이 입게 될 손실액은 훨씬 더 늘어날 것이다.

주식투자자라면 이미 시작된 버블 붕괴가 한국판 서브프라임 사태로 진행될 것까지를 염두에 두고 투자결정을 하는 것이 현명한 자세다. 금융위기가 최악의 국면을 지났고 금융시장이 안정을 회복했다고 평가되는 2010년 8월 20일 씨티은행의 주가가 3.75달러에 머물러 있는 현실을 기억해야 한다. 국내 은행 주가에 비유하자면 5만 5000원이었던 주가가 3750원까지 떨어진 셈이다.

파티가 끝난 뒤를 준비할 때다

　부동산 파티는 끝났다. 아직도 그것을 실감하지 못한다면 정부와 보수언론, 부동산업계 종사자들이 만든 장막에 가려 실상을 보지 못하기 때문이다. 부동산중개소와 인터넷 사이트도 '시세'라는 커튼으로 가격하락의 진실을 가리고 있다. 그러나 부동산 버블은 굉음을 내면서 붕괴되고 있다. 눈을 비비고 귀를 열기만 하면 누구나 알 수 있을 정도로.

　한국의 자산시장이 즐기던 '유동성 파티'가 미국의 서브프라임 버블과 완전 닮은꼴이듯 버블 붕괴의 시작은 서브프라임 사태의 초기국면과 똑같은 양상이다. 가계부채의 상환능력이 최악의 상태에 이미 이르렀고, 은행은 대출축소를 시작했다. 가계도 '대출 받아 아파트 투자하기'를 멈추고 뒤늦게 위험관리에 들어간 모습이다. 금리는 사상 최저 수준인데 버블은 자신의 무게를 이기지 못하고 스스로 무너져 내리고 있다.

주식만 '나홀로 파티'를 즐기는 것은 상승장 마무리 국면이면 항상 나타나는 상승종목 슬림화 현상이다. 시간이 더 흘러 부동산 버블 붕괴가 속도를 내면 주식 역시 버블 붕괴에 동참하고 하락폭은 더 깊어질 것이다. 주식가격을 떠받쳤던 '환율'의 힘도 오래갈 수 없다. 서민의 주머니를 털어 수출대기업의 금고에 집어넣는 '소득이전정책'인 '고환율정책'을 지속할수록 부동산 버블 붕괴는 더 빨라질 것이기 때문이다.

파티는 끝났다. 이제 파티 비용을 누가 지불하느냐만 남았다. 전세계가 금융위기로 자산가격이 폭락하는 와중에도 떵떵거리며 파티를 즐겼으니 그 비용이 엄청날 것은 불문가지다. 아직 먹을거리가 남아 있다고 유혹할 때 유동성 파티장을 빠져나와야 계산서를 손에 받아 드는 불행을 피할 수 있다.

이럴 때일수록 투자고수의 평범한 조언을 되새기는 것이 필요하다.

"주식이 되었건 양말이 되었건 나는 가격이 가치보다 훨씬 낮을 때만 매수한다."

KI신서 2959

주식과 부동산, 파티는 끝났다

1판 1쇄 발행 2010년 11월 10일
1판 2쇄 발행 2010년 12월 10일

지은이 송기균 **펴낸이** 김영곤 **펴낸곳** (주)북이십일 21세기북스
출판콘텐츠사업부문장 정성진 **출판개발본부장** 김성수 **경제경영팀장** 류혜정
해외기획 김준수 조민정 **진행 및 디자인** 네오북
마케팅영업본부장 최창규 **마케팅 · 영업** 김보미 김용환 이경희 허정민 우세웅 김현유
출판등록 2000년 5월 6일 제10-1965호
주소 (우 413-756) 경기도 파주시 교하읍 문발리 파주출판단지 518-3
대표전화 031-955-2100 **팩스** 031-955-2151 **이메일** book21@book21.co.kr
홈페이지 www.book21.com **커뮤니티** cafe.naver.com/21cbook

ISBN 978-89-509-2713-4
책값은 뒤표지에 있습니다.